不動産投資
一棟目から
満室!!

# 満室スターNO1
# 養成講座

～不動産投資初心者からプロ大家まで必見!
大空室時代の自主管理防衛マニュアル～

空室対策コンサルタント
尾嶋健信 著

# はじめに

## あなたにお伝えできること

本書は、遠隔地で不動産投資をした人でも、現地に極力行かずして**「遠隔満室経営する方法」**について、徹底的に調べて、徹底的に実践して、そして徹底的に考えぬいて生まれた本です。

研究の結果でわかった、「完全遠隔満室経営する方法」について詳しくまとめています。

本書は、以下の方を対象にして書かれています。

・サラリーマンで、RC（鉄筋コンクリート）造りのワンルームマンションを高利回りで購入することはできたが、そこから先の空室が埋められずに困っている。

・地方の高利回りアパートを購入できたが、集客がとりわけ難しいエリアだった。

・競売で戸建賃貸を購入し、リフォームしたままではいいが、さて次に何をしようかと考えている。
・ハウスメーカー主導でアパートを建て、気づいてみると空室が無数にある状態の地主さん、または2代目大家さん。

申し遅れました。私の名前は尾嶋健信と申します。

職業は、空室対策コンサルティングを核とした、不動産管理会社を経営しております。多くのサラリーマン大家さん、不動産投資家さんがお客さんとなっております。

社名も「満室経営株式会社」と名付けまして、多くの方から「縁起のいい社名ですね」と喜ばれております。

一方で、不動産投資家さんが満室経営するためのコミュニティー「満室塾」の主催運営もしております。

私の取り組みや活動に興味がある方は、私が現在運営しておりますメールマガジン「空室対策実践会・日刊メルマガ」（http://gateofdreams.org/）にご登録ください。

私がこの本をなぜ書こうと思ったのか。それは、これまで延べ4、000件以上の空室を埋め、空室対策コンサルティングを行っていく中で、とあることに気づいたからです。多くの不動産投資家さんは、1棟目購入までは大変に熱心に勉強されますが、一旦購入したら、そのまま2棟目3棟目にいってしまって、実際の賃貸経営がどのように行われているのかを把握されていないのです。

私は2012年の3月に『たった18日で次の入居者が決まる！ 満室革命プログラム』（ソフトバンククリエイティブ刊）を発刊しました。

この本は「空室対策」に完全にフォーカスした本で、本書により多くの不動産投資家さんから、次のような喜びの手紙やメールや電話をいただくようになりました。

「安定して空室が埋まるようになった！」

「おかげさまで満室になりました！」

しかしながら、一方で、こんな声も聞きます。

「家賃滞納が起きてしまって困っている」

「空室を埋めても埋めても、退室してしまう」

「入居者から更新拒絶されてしまった」

「入居者間のトラブルが絶えない」

「敷金精算トラブルが起きて困っている」


という相談を多数いただいているのも事実です。

また、「これから不動産投資を始めたいけれど、購入後にどのようなアクションをとって満室にして、その後、安定的に満室経営をしていけばいいのか?」という質問も多くいただいております。

本書では「これから不動産投資を始めたい」という方はもちろんのこと、不動産投資を始めたものの、なかなか軌道に乗らないという方を想定して、次の3つのポイントの基本的な部分について、ひらがな言葉で分かりやすく、図も交えながら伝えていきたいと思っています。

**1・空室を埋める仕組みを作る(空室対策)**
**2・円滑に満室経営する仕組みを作る(満室対策)**

## 3・空室を出さない空室対策の仕組みを作る（刃を研ぐ）

その結果、ベテランの不動産投資家さんにも、新たな気づきや復習していただければという狙いもあります。

以上のように、主に満室対策について、書いていきたいと思っております。なお、この本は私ひとりが考えたものではありません。

私は2011年より、空室対策コンサルティングを開始しました。2011年に年間のべ2，000件、2012年に年間のべ1，200件、2013年に年間のべ800件、不動産投資家さんを対象に、スカイプや電話による賃貸経営コンサルティングをしてきました。

ですから、本書は「多くの不動産投資家さんの叡智を標準化したもの」とも言えます。私はそのまとめ役に過ぎません。

成功している不動産投資家さんの「満室経営の極意」をしっかりお伝えしていきたいと思います。

本書を読むことで、次のような効果を得ることができます。

・予定通りに、プラスのキャッシュフロー（現金収支）が生まれ、安心できる。
・生み出されたキャッシュフローで、家族と旅行や食事を楽しむなどご褒美をあげられる。
・2棟目、3棟目の投資につながり、ハッピーリタイアすることができる。
・連帯保証人となった配偶者から、もう嫌味を言われなくなる。
・夜も眠れない空室のストレスやプレッシャーから解放される。
・キャッシュフローのマイナス続きが止まり、物件を手放す不安がなくなる。
・満室にした自分自身を誇りに思える。大家さん仲間には、懇親会やブログ、メールマガジンなどで成功体験を誇らしく話すことができる。
・定年を迎えて年金受給者になっても、賃貸経営を通して生きがいを感じることができるし、金銭的に困ることがなくなる。

このように、嬉しい結果が待ち受けているはずです。私も、何より依頼人の喜びの声を心待ちにしていますし、それが仕事を続ける大きなモチベーションになっています。

本書をしっかり読んでぜひ実践してください。

あなたが実践することにより満室経営を実現できたこと、そして、その報告を受けることを心待ちにしています。

目次

## 第1章

# はじめての不動産購入後の対応

## 第2章 はじめての空室対策

## 第3章
## はじめての賃貸借契約……111

第4章

# はじめての家賃管理……131

## 第5章

# はじめてのクレーム対応……157

## 第6章



## 第7章

あとがき

# 序章

# なぜ現場に行かずに満室経営できるのか

本章では「満室対策」の話しをする前段階をテーマにしています。

「不動産は現場がすべて」といわれている業界において、どのように現場に行かずに満室経営するのか、そのポイントをお話しします。

また本書をどのような形で進めていくか、本書の全体図について、お話ししたいと思います。

# 不動産投資成功の4つの極意

不動産投資を成功させるための極意は、4つしかありません。

この4つのポイントを意識して不動産投資をしていけば、不動産投資は必ず成功するはずです。

はじめに「満室経営」を行っていくための、不動産投資成功の極意を確認したいと思います。

## 1 企画

はじめに「企画」があります。不動産は、とくに新築アパート、マンションはそうですが、企画がしっかりしていないと失敗します。

「企画が全てである」と断言する不動産コンサルタントの方も多いでしょう。

この場合の「企画」というのは、なにも新築マンションだけではありませんし、投資戦略によっても変わってきます。

例えば、中古マンションに投資するスタイル。地方の高利回りのアパートに投資をするスタイル。

競売物件を専門に投資するスタイル。または、戸建に投資して利益をもっていくスタイル。

このように、不動産投資は様々なスタイルがありますが、その中で自分はどの不動産投資戦略を選択し、どういう投資をしたいのか、という「企画」をたえず意識して検討することは、非常に大切なことです。

## 2 融　資

2つ目は「融資」です。どんなに優れた、非常にお金が儲かる「企画」であったとしても、そこに「融資」がつかなければ不動産投資は成り立ちません。

しかも高い金利では、その時点で儲からなくなります。ここで考えるのは、「いかに有利な融資づけをするのか？」ということになります。

・属性を生かして特定の金融機関から融資を受ける
・事業者としての実績をアピールすることで融資を受ける

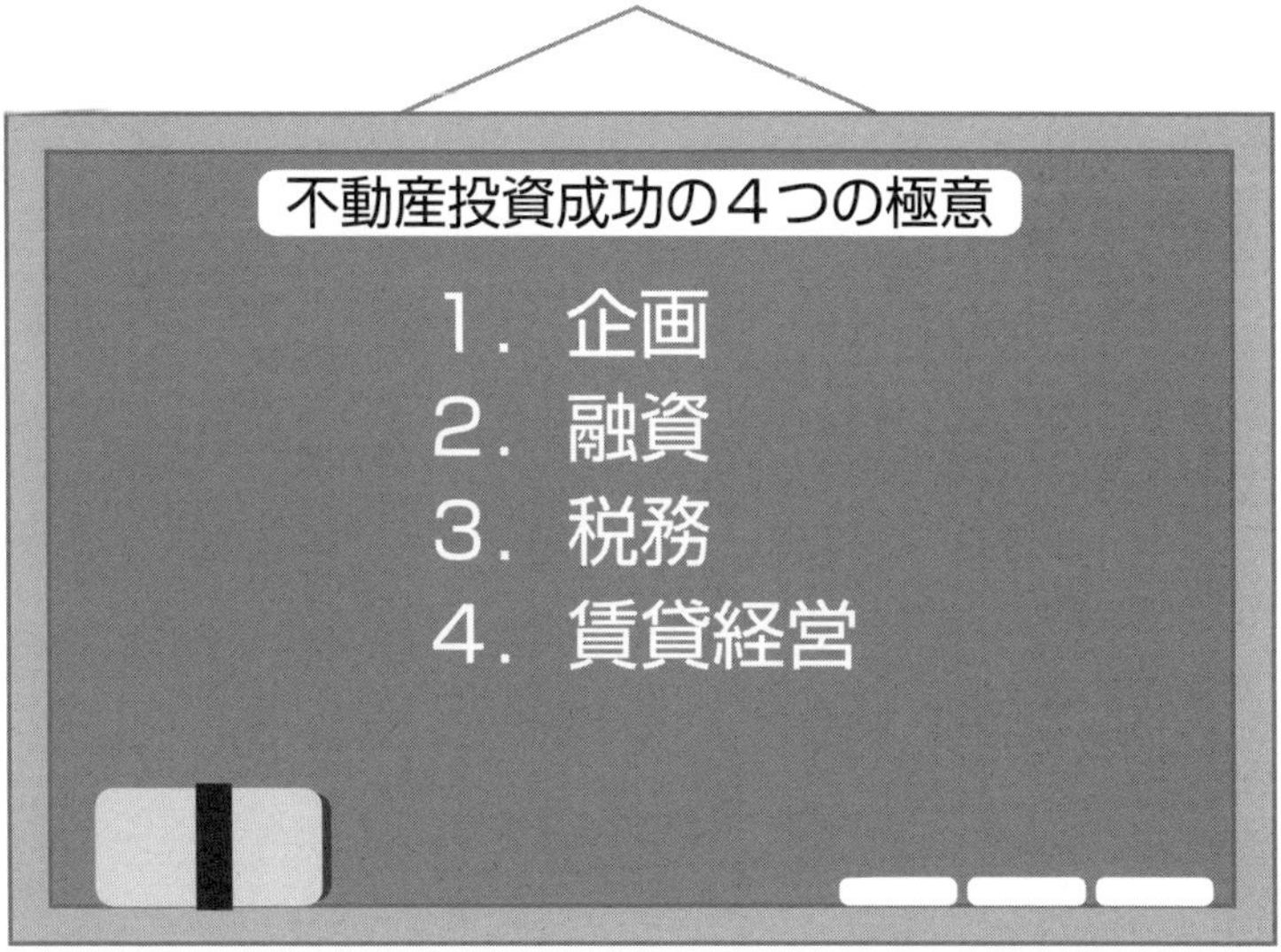


・紹介者を介して融資を受ける

融資を受けるにしても、このように様々な方法が考えられます。

## 3 税　務

3番目は「税務」です。良い「企画」で「融資」も決まって、1年を通して多くのキャッシュフローが出た。

しかし、これを税金で持っていかれては元も子もありません。それ故に税金対策が必要になります。

「個人で所有するのか、法人で所有するのか」により、支払う税金の金額が異なりますし、正しい法律上の手続きを踏むことで、消費税の還付が受けられるケースもあります。

## 4 賃貸経営

そして4番目は「賃貸経営」です。

不動産投資成功の極意とは、この「企画」「融資」「税務」「賃貸経営」4つがあるのですが、本書では、その4つの中の1つ、「賃貸経営」に特化して書かれています。

他の3つに関しましては、他の専門書を読んで理解されるとよろしいかと思います。

# 「賃貸経営」＝「満室経営」の定義とは？

私は「賃貸経営」と「満室経営」は同義と捉えています。そして、この本では、賃貸経営のことを「満室経営」と呼びたいと思います。

それでは、私は、「満室経営」をどのように定義づけているのでしょうか？

「満室経営」は「空室対策」と「満室対策」と「完全満室対策」から成り立ちます。

**「空室対策」とは、満室になる確率を最大限に高める新規客に向けて行う対策のことです。**

空室が複数戸ある中古マンションや新築アパートなど、満室経営の第一歩として、空室対策が欠かせない対策となります。

そして、満室になった次のステップが「満室対策」です。

この**「満室対策」とは、入居者が不満なく物件に住み続けることにより、満室であり続**

**ける確率を最大限に高める既存客に対して行う対策のこと**をいいます。

テナントリテンションと同義と考えてください。なおテナントリテンションについて詳しくはP160で説明しています。

最後の「完全満室経営」とは、「空室対策」と「満室対策」の活動などを、ご自身のメールマガジンやブログに情報配信していくことを指します。

その結果、不動産投資家である大家さん自身のコミュニティをつくり、情報の善循環を引き起こし、さらに満室経営が安定する状態となることです。

本書では、この「完全満室対策」について詳細を割愛しています。

最新の完全満室対策のノウハウを知りたい方は、ぜひ私の「空室対策実践会・日刊メルマガ」(http://gateofdreams.org/)や、私が主催している満室塾にご参加ください。

これが「満室経営」の定義となります。

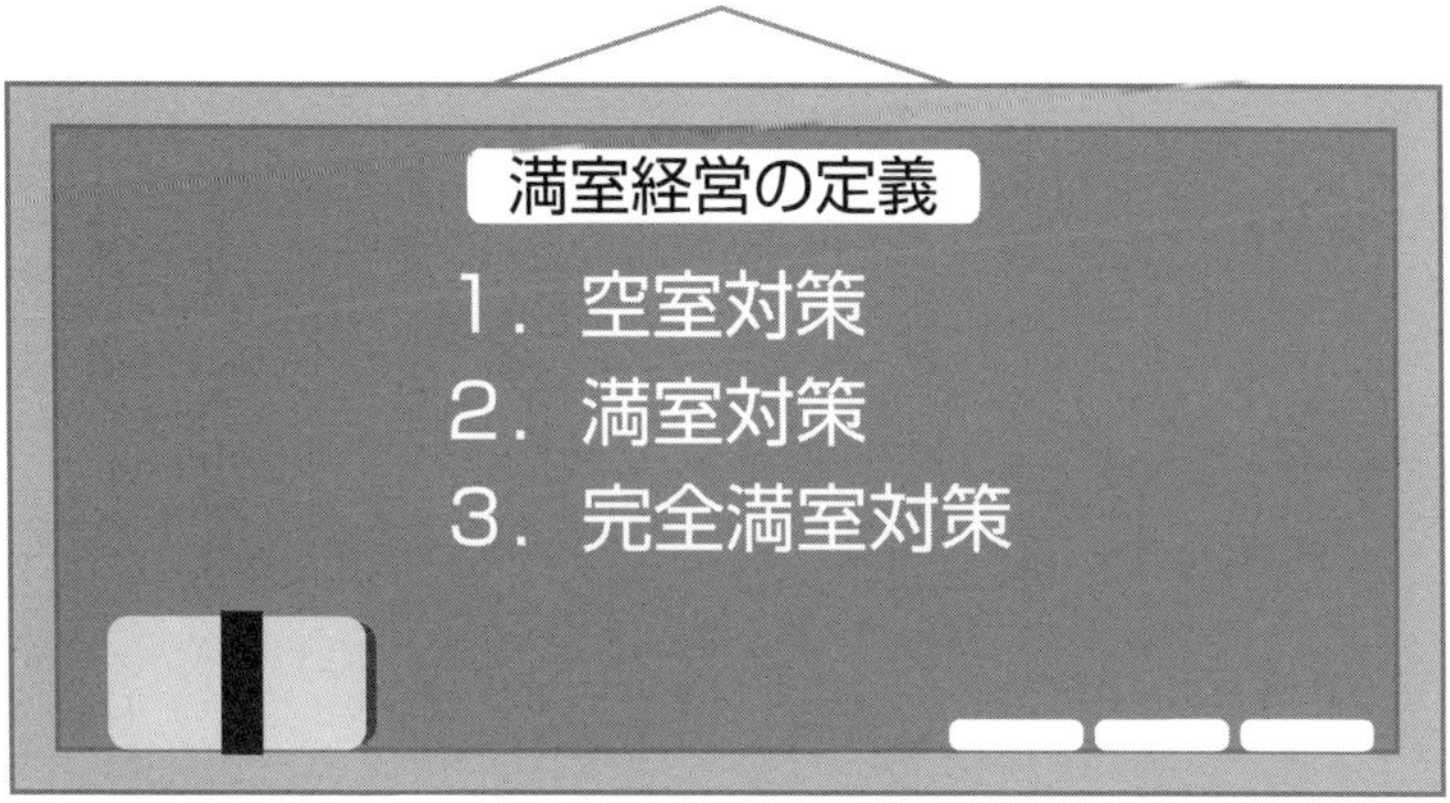


■ 満室経営の定義

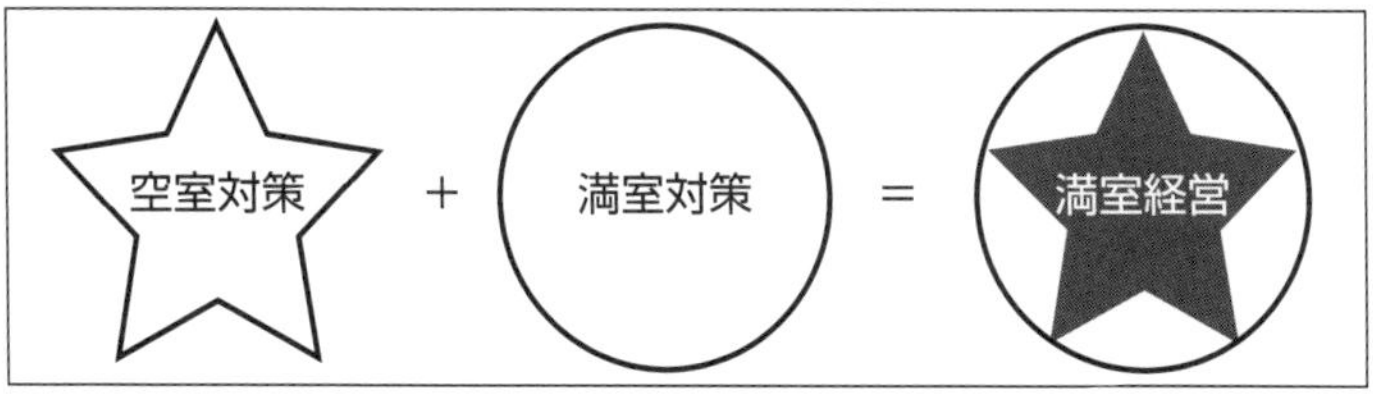


■ 完全満室経営の定義

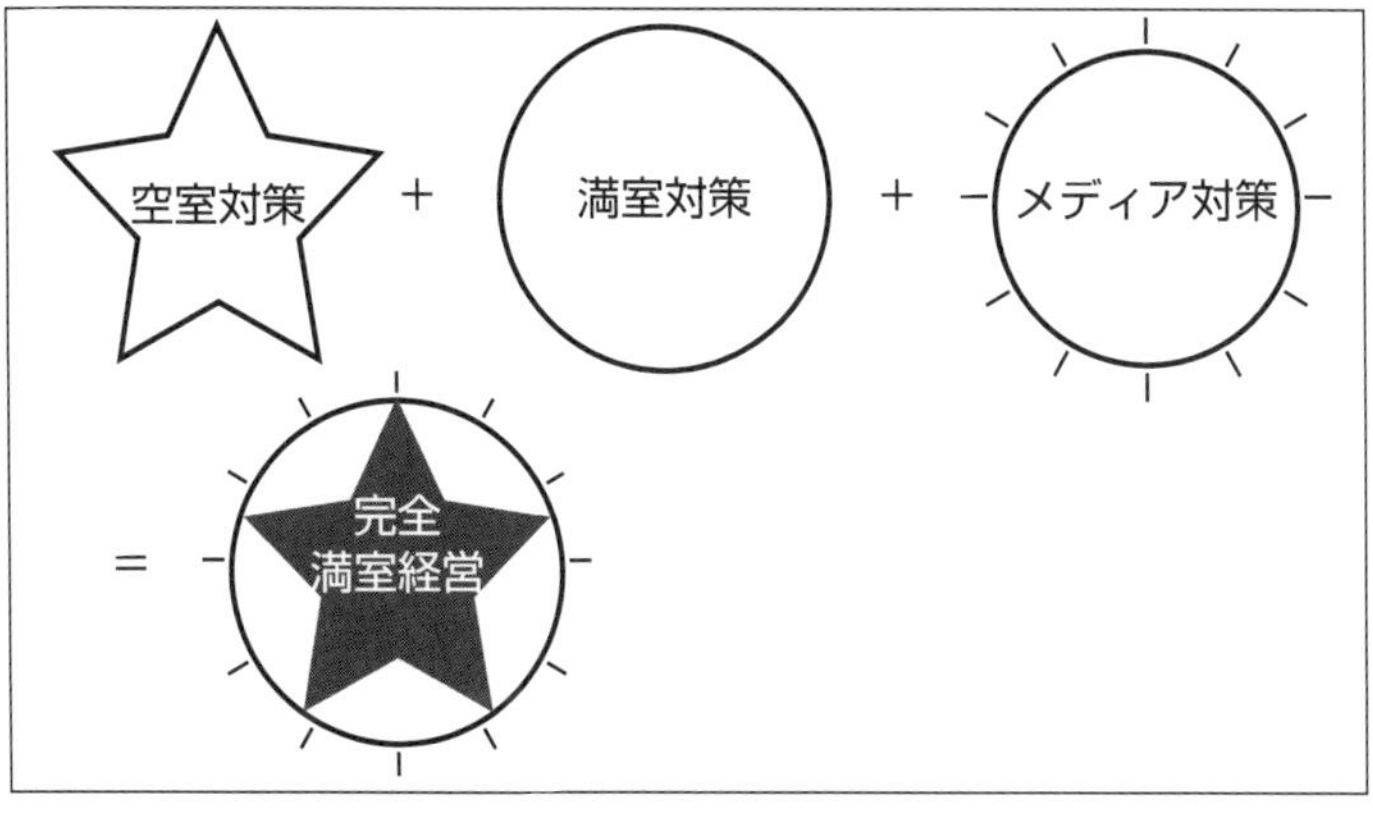

「満室経営」に限りなく近づけるには、部屋探しから入居、退去まで、常に入居者の立場に立ち、入居者目線の経営を行っていく必要があります。

これを私は**「満室ライフサイクル」**と呼んでいます。

## 満室ライフサイクルとは？

ここで入居者の立場に立ってみてください。

みなさんご自身が賃貸住宅を借りたことがあるのであれば、そのときの記憶を思い出していただき、ご経験がない読者さんには、想像で、「自分だったら、どういうような部屋探しをするのか」を考えてみて欲しいと思います。

部屋探しから入居、退居まで、常に入居者の立場になり、入居者目線の経営を行う必要があります。

これを、この本においては「満室ライフサイクル」と呼びたいと思います。

みなさんは不動産投資家として、大家さんとして、入居から退去までの一連の「満室ライフサイクル」において、入居者が不満なく物件に住み続け、満室であり続ける確率を最大限に高めるためにはどのような改善ができるのでしょうか。

その答えは、「満室ライフサイクル」を通して、検討し改善し続けていく必要がある、と私は考えます。

満室ライフサイクルをもう少し具体的に書きますと、入居者が「入居から退去するまでの動き」です。

部屋探しから始まり、物件を見て、入居の審査があり、そして契約があって入居になります。

そこから先は、毎月の家賃の支払いが発生してきますし、毎月家賃を払って日常生活を送っていく中で、日常の困りごと、つまり小修繕等のクレーム対応が生じてきます。

例えば、「騒音がうるさい」「給湯器が故障してしまった」そのようなクレームに日々対応することになります。

毎月家賃を払って小修繕等を対応して、2年に1度は普通借家契約であれば、更新、定期借家契約であれば、再契約する必要があります。

こうして長く住んでいただきますが、やはり退去の時はやってきます。退去時には敷金精算があります。

入居者が、物件に住み始めてから引っ越しをするまでの一生。これが入居者の満室ライフサイクルです。

部屋探し
↓
入居審査
↓
入居
↓
毎月の家賃支払い
↓
クレーム対応
↓
更新
↓
退去
↓
敷金精算

入居者のライフサイクルから考えた「満室経営」を考えると、５つのカテゴリーに分かれます。

このカテゴリーは不動産管理会社の管理面の枠の中にあるカテゴリーとほぼ同じです。

# 入居者のライフサイクルから考えた「満室経営」

入居者の入居から退去までの賃貸借期間を、入居者のライフサイクルと考えた場合、このような流れで、満室経営を捉えていく必要があります。

**❶ 契　約**

これは入居者審査、更には退去時にトラブルにならないことを見据えた賃貸借契約までの一連の流れ、これが契約ということになります。

**❷ 家賃管理**

毎月の家賃の支払いです。

**❸ クレーム対応**

日々のクレームに対応します。

**4 更　新**

更新、もしくは定期借家契約であれば再契約。

**5 卒　業**

退去は「卒業」でなければいけません。

これらの5つの要素を落とし込むことが、「ライフサイクル」になるということです。

■ 満室ライフサイクル

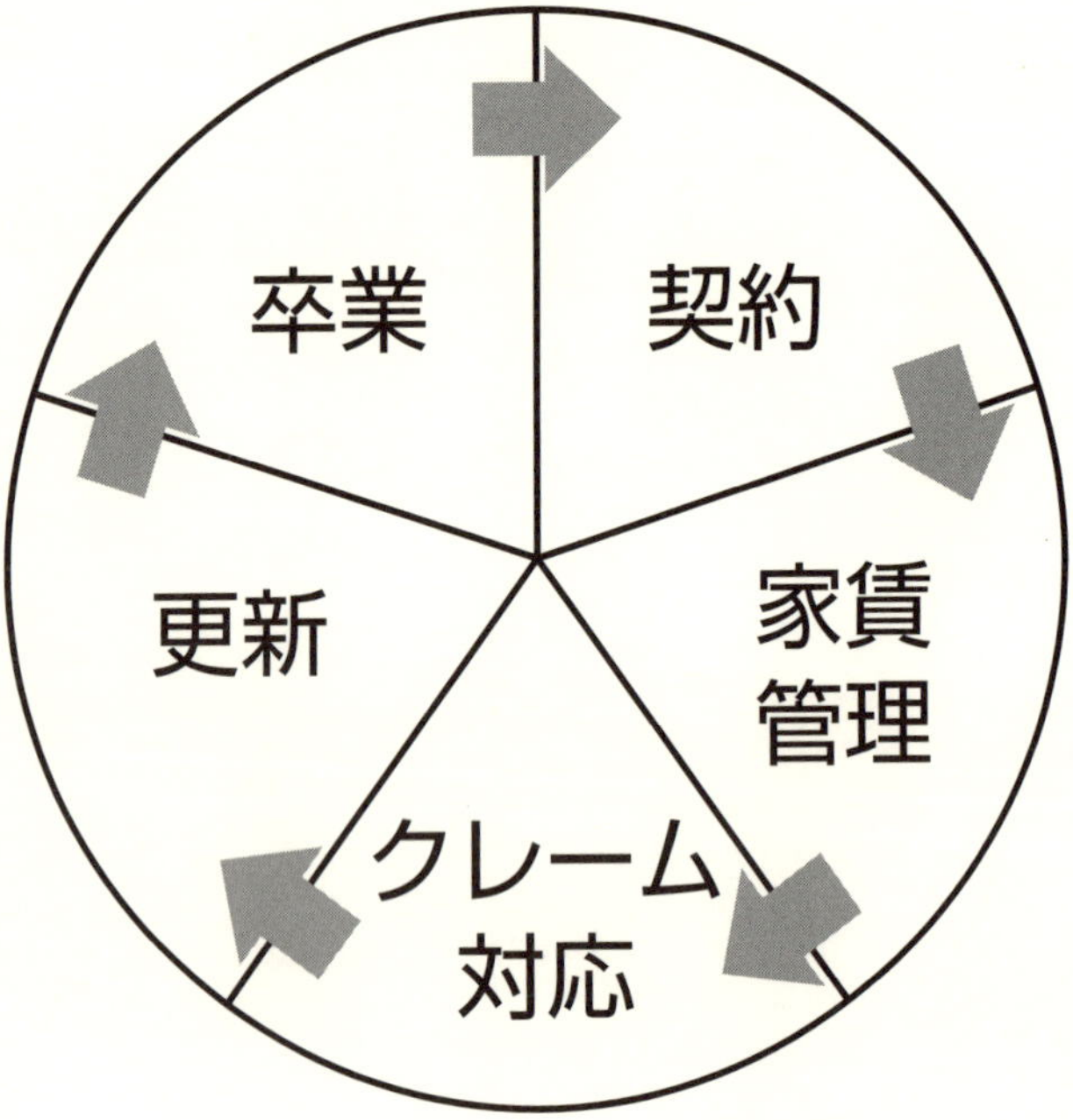

# なぜ現場に行かずに満室経営できるのか

「尾嶋さんは、なぜ現場に行かずに空室を埋められるのですか？」
「尾嶋さんは、なぜ現場に行かずに満室経営ができるのですか？」

という質問を多くいただきます。確かに私の空室対策コンサルティングは、北海道から沖縄まで、現地に行かずにして、空室を埋めるサポートをしています。

ここでは、なぜそれができるのかをお伝えしたいと思います。

# 現場に行かずに現状を予測する方法

なぜ現場に行かずに満室経営できるのか？　少し考えてみてください。

すべての現場に自ら足を運ぶ、不動産会社の社長はいません。

もちろん経験値がなく、まるで分からないのであれば、当然現場に足を運んで学ぶ必要があります。

しかしながら、ある程度経験値があれば、現場に行かずとも現場の大体の状況が把握できるようになるのです。

## 生活手段は全国ほぼ同一

全国、生活手段は主に2つに分かれます。それは徒歩圏と車圏です。そういう意味では私が関わる空室対策コンサルティングでは、気候やエリアの商習慣の違いはありますが、生活手段という意味では、全国ほぼ同一という認識です。

### 1 徒歩圏

1つはターミナル駅や最寄り駅を基本として、駅から5分圏内、徒歩15分以内、もしくは15分以上の徒歩圏です。15分以上になるとバスも使います。

### 2 車社会

もう1つ、これは地方に多いですが、車社会です。

自宅、つまりアパートやマンションを中心として、車で何分以内に勤務先があり、車で何分以内に大手スーパーがあるのか、という車の移動による便利さ、バイクの移動による便利さを求めるということになります。

# 駅からの立地によるハンディは全国ほぼ同一

そこで1つ目の、駅からの立地によるハンディを考えてみたいと思いますが、これは、全国ほぼ同一です。

1. 5分以内
2. 15分以内
3. 15分超え

■ 徒歩圏によるハンディ

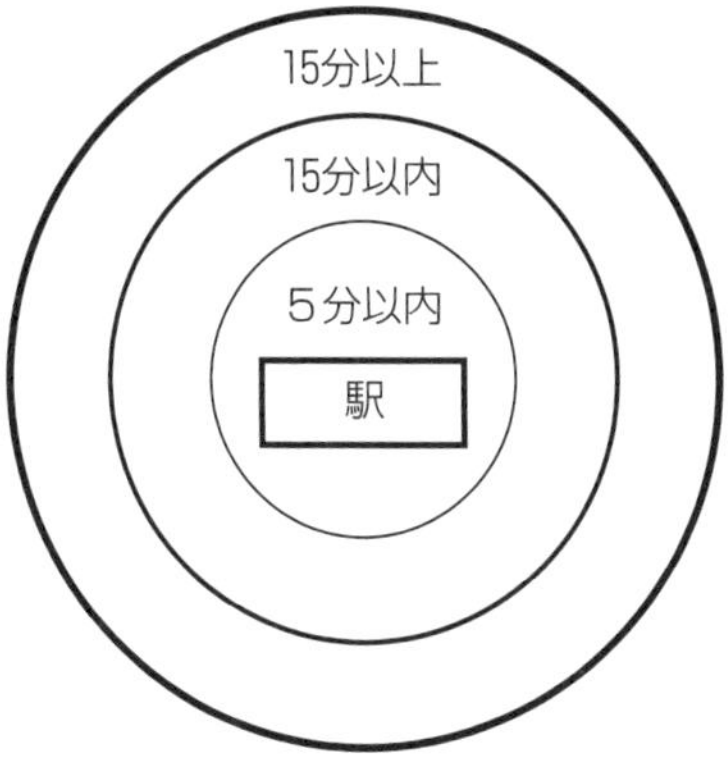


■ 車社会によるハンディ

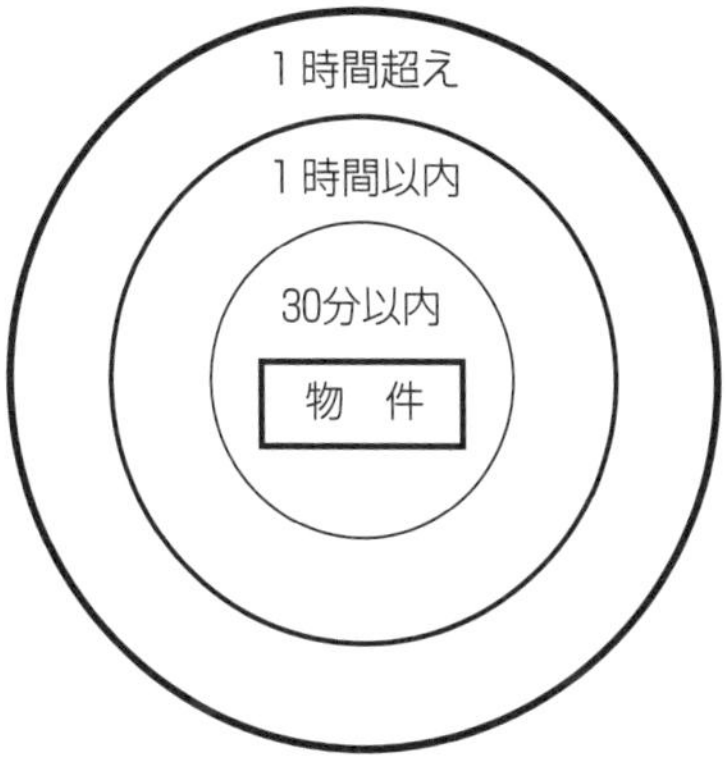

当然、駅から5分以内は利便がいいと言われますし、15分以内も駅5分には遠く及びません。ギリギリ徒歩で生活が成り立ちます。

15分以上になれば、バスとか車の交通手段になります。

こういう考え方も駅からの立地によるハンディは、全国ほぼ同一といえるわけです。

## 車社会の立地によるハンディは全国ほぼ同一

次に、車社会の立地によるハンディですが、これも全国ほぼ同一です。

1．30分以内
2．1時間以内
3．1時間超え

30分以内の場合、一般的には便利な立地であるという判断です。
1時間以内ですと、まあまあ。1時間超えると、ちょっと大変という認識です。

## 道路づけによるアパマンの特徴は全国ほぼ同一

続きまして、道路づけによるアパート、マンションですが、こちらも道路づけによるアパマンの特徴は全国ほぼ同一です。

1. 幹線道路　…　SRC・RCマンション
2. 路地裏　…　軽量鉄骨・木造アパート

いわゆる幹線道路であればSRCマンション、RCマンションが建ち、路地裏であれば軽量鉄骨や木造アパートが建つことが多くある、と考えられます。

建築基準法なども考えた上で、最大限のキャッシュポイントが取れる不動産投資手法を考えたときに、多くのアパート、マンションが幹線道路はSRC、RCマンションで、路地裏の場合は軽量鉄骨や木造アパートという流れになるのかと思います。

## 駅を中心とした立地による場合の建物の特徴

私が空室対策コンサルティングをする上では、まず「その物件が駅からの距離がどのくらいにあるのか？」をみていきます。

駅を中心とした立地による場合の建物の特徴を考えてみたいと思います。

まず駅から5分に建つ場合、駅から近いわけですから、立地がいいという判断になります。

また幹線道路であっても路地裏であっても、1Kやワンルームが圧倒的に多くなります。つまり部屋数を多くとって、数で回転させていくやり方が駅から徒歩5分圏内には多くみられます。

また駅近くにあるファミリー物件は、実需（マイホーム用）としての分譲マンションなどが多い傾向にある、と考えられます。

駅から徒歩15分圏内の場合は、シングルとファミリーが混在します。

特徴として幹線道路の場合は、SRCマンション、RCマンションになりますが、路地裏になると、軽量鉄骨や木造アパートが増えます。

駅から徒歩5分以内の場合は建築マンション、いわゆる地域密着型のエリアナンバーワンの建設会社や工務店が多くなります。

15分圏内の場合はそれに準じて大手のハウスメーカー、さらには工務店などが増えます。駅に近くなれば近くなるほど、密集したところに建てていきますので、例えば、その駅近のアパートの1階というのは、窓を開けたらベランダの前は壁、もしくは日当たりが非常に悪いという特徴が出やすくなります。


駅から徒歩15分を超えますと、今度は幹線道路が中心になり、経営が困難といわれる場所になります。

そのため幹線道路、裏通り、山の上など問わず、業界大手の建設会社が「30年一括借上げ」などで、建築をされるケースが多くなります。

そういうような状況が全国変わりなくあります。

「果たして、そんな場所で賃貸経営が成立するのか？」という疑問を持たれるかもしれません。

ここで考えてみて欲しいのは、駅を中心に考えたときに、例えば、コンビニ、マクドナルド、ツタヤなど、「大手資本の生活利便施設が有るか？　無いか？」ということです。大手資本が入るということは、大きなお金をかけてマーケティングをした上で参入します。

ですから、空室対策をする上で、参考材料になります。

特にそこに「市場がある」という場合は、本店直営で参入をしてくることがあります。つまり、今まで以上の改善をすることにより、「満室になる確率が高まる」と判断できるのです。

地方であったとしても、そういう特徴が顕著に見られるのであれば、十分に商圏が成立をし得るということです。

つまり、賃貸経営も成立し得るということになります。そして、不動産の大手仲介会社であるミニミニ、エイブル、アパマンといった大手のＦＣ、もしくは本店直営の店舗が参入する構造になるのです。ここまで全国共通しています。

まず電車が通っていて、その駅を中心に商圏が成立をしていて、それぞれ特徴も同じ、またエリアナンバーワンの建設会社であれ、ハウスメーカーであれ、大手の建設会社であれ、日本の場合は、日当たりがいい南向きに建物を建てます。

建築するにあたって、建築コストを抑えていくため、既製の企画の中で最大限で面積が取れて、最大限効率がいい間取りということになれば、ほぼ商品構成は似てきます。

つまり建物の特徴も似てくるのです。

そこまでが推測できますので、後はGoogleストリートビューや、ゼンリンの地図を見て、「そこが平地なのか？　山の上なのか？　それとも谷の下なのか？　海が近いのか？」を考えていけば、現地に行かずとも、大よその推測のもとに、賃貸経営の現状を把握することは可能なのです。

また、補足事項として「そのエリアに雪が降るのか、それとも暖かいエリアなのか」によっても対策をアレンジする必要があります。不動産購入前であれば、雪のエリアの経費がどのくらいかかるか、試算した上で、利回りに盛り込む必要があります。雪のエリアは一般的にとても経費がかかります。

ここまでの事柄をよく検討した上で、物件ごとに「個別具体的なアプローチ」をとる必要があります。

# 不動産業界は村社会である

私は不動産業界を、「村社会である」と考えています。まずエリアごとに商習慣が異なります。

## 1 エリアごとに商習慣が異なる

エリアごとに商習慣が異なるのはなぜかというと、不動産取引は非常にクローズドな（閉ざされた）情報流通で、しかも高額な売買が成立するからです。

情報の流通が、それほどなされないということが前提としてあった上で、まるでたこ壺のような非常に狭い商圏の中で、商習慣が成立しています。

その結果として、都道府県別の商習慣、さらには地方別の商習慣があります。

エリアごとの商習慣を、使い分けることができたとしても、実際は駅が1つ違えば、商習慣が違うということがよくあります。

## 2 全国の共通事項と商習慣を踏まえバランスを取る

私が日々空室対策コンサルティングを行っていく上で、全国の共通事項を踏まえながら、エリアごとの商習慣を理解し、その商習慣に則ってバランスを取る必要があります。

これが「満室スターチャートによる空室対策」ということになります。

# 満室スタートチャートによる空室対策

満室スタートチャートによる部屋を埋める手法に関しましては、前著『たった18日で次の入居者が決まる！　満室革命プログラム』（ソフトバンククリエイティブ刊）で詳細を書いておりますので、こちらをご参照ください。

空室が埋まったところで、そこから入居者が賃貸借契約を結んで、家賃管理をして、いわゆる「入居者の生活」が始まるわけです。

（図「満室ライフサイクル」Ｐ16を参照）。

## ■ 満室スターチャート

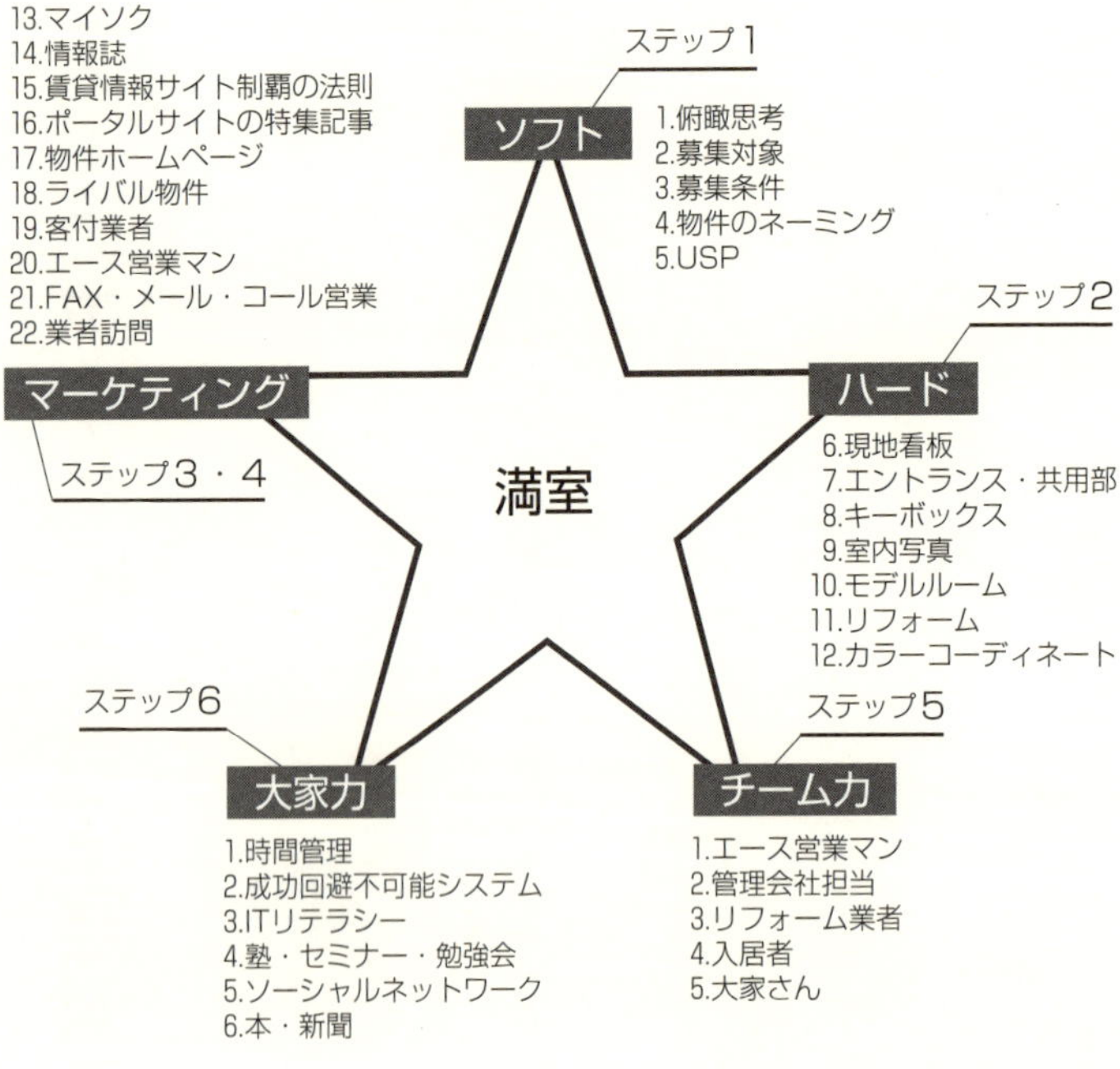
ステップ1
ソフト
1.俯瞰思考
2.募集対象
3.募集条件
4.物件のネーミング
5.USP
ステップ2
ハード
6.現地看板
7.エントランス・共用部
8.キーボックス
9.室内写真
10.モデルルーム
11.リフォーム
12.カラーコーディネート
ステップ3・4
マーケティング
13.マイソク
14.情報誌
15.賃貸情報サイト制覇の法則
16.ポータルサイトの特集記事
17.物件ホームページ
18.ライバル物件
19.客付業者
20.エース営業マン
21.FAX・メール・コール営業
22.業者訪問
満室
ステップ5
チーム力
1.エース営業マン
2.管理会社担当
3.リフォーム業者
4.入居者
5.大家さん
ステップ6
大家力
1.時間管理
2.成功回避不可能システム
3.ITリテラシー
4.塾・セミナー・勉強会
5.ソーシャルネットワーク
6.本・新聞

図のような、満室ライフサイクルが始まっていくわけですが、大家さんが考えなければいけないのは、「それを自分でやるのか？」「それとも管理委託をしてやってもらうのか？」ということです。

賃貸経営事業者として関わる際、自分はその物件に対して、「アウトソーシング派なのか？」「プレーヤー派なのか？」を十分に意識しましょう。

**アウトソーシング派とは、賃貸経営実務の大半を不動産管理会社などに外注する不動産投資家**で、主に、ＲＣやＳＲＣマンションなどに一棟ものマンションを投資する方に多くみられます。

**プレーヤー派とは、賃貸経営実務の大半をできる限り自分で行う不動産投資家**で、主に、戸建てや一棟アパートに投資する方に多くみられます。

よくありがちなケースを書きますと、管理委託をして、アウトソーシングをした結果、完全にその現地管理会社に依存をしてしまうケースです。

オーナー自らが経営実態を知らないまま事が進んでしまい、何も詳細を把握し得ないまま、完全依存した結果、いざトラブルがあったときに、オーナーは何も状況がわからないまま、自分に責任が被ってくる…そういうことが予測できます。

## 満室経営をするための満室トルネードチャート

そこで本書では、アウトソーシング派にせよ、プレーヤー派にせよ、賃貸経営をする上でたえずチェックし、意識し、改善しなければならないことを、満室トルネードチャートとしてまとめました。

本書では最終的にご自身で日々、満室トルネードチャートを確認し、実践していただくことを目的としています。

第1章からは、初めて不動産投資をした後の不動産購入後、どのような動きをしていくのがいいのか？

続いて2章では、「空室を埋めるための満室スターチャートによる空室対策の基本編」をお伝えします。

次の3章では、オーナーシップを持った、契約の仕方です。

その後、実際に家賃管理が始まるわけですが、その家賃管理をどのようなスキームを組

■ 満室トルネードチャート

んで行っていくのか？　を4章で説明します。

一度、生活が始まり家賃もきちんと振り込まれ、生活が軌道に乗ってきますので、オーナー、管理会社、入居者の接点というものが、ますます無くなっていくわけです。

優良な入居者にとってみると、顔を合わせるのはせいぜい2年に1度、更新のとき程度になります。

そういった中で最大の入居者との交流を持つ場であるのが「クレーム対応」です。これが第5章です。

ソフト面だけでなくハード面……建物管理については第5章で、そして、2年に1度の更新、定期借家契約の場合は再契約。こちらについての考え方を6章でやります。

退去になり最終的に敷金精算、このときに

入居者が感謝をもって退去していただきます。ここで訴えられたという場合は、「オーナーが入居者を不満のままに退去させてしまった」ということになり、反省の余地が大いにあるわけです。

円満な退去～敷金精算はどういう風なもので進めていけばいいのか？　ということを述べるのが第7章です。

## ■ 満室経営の公式

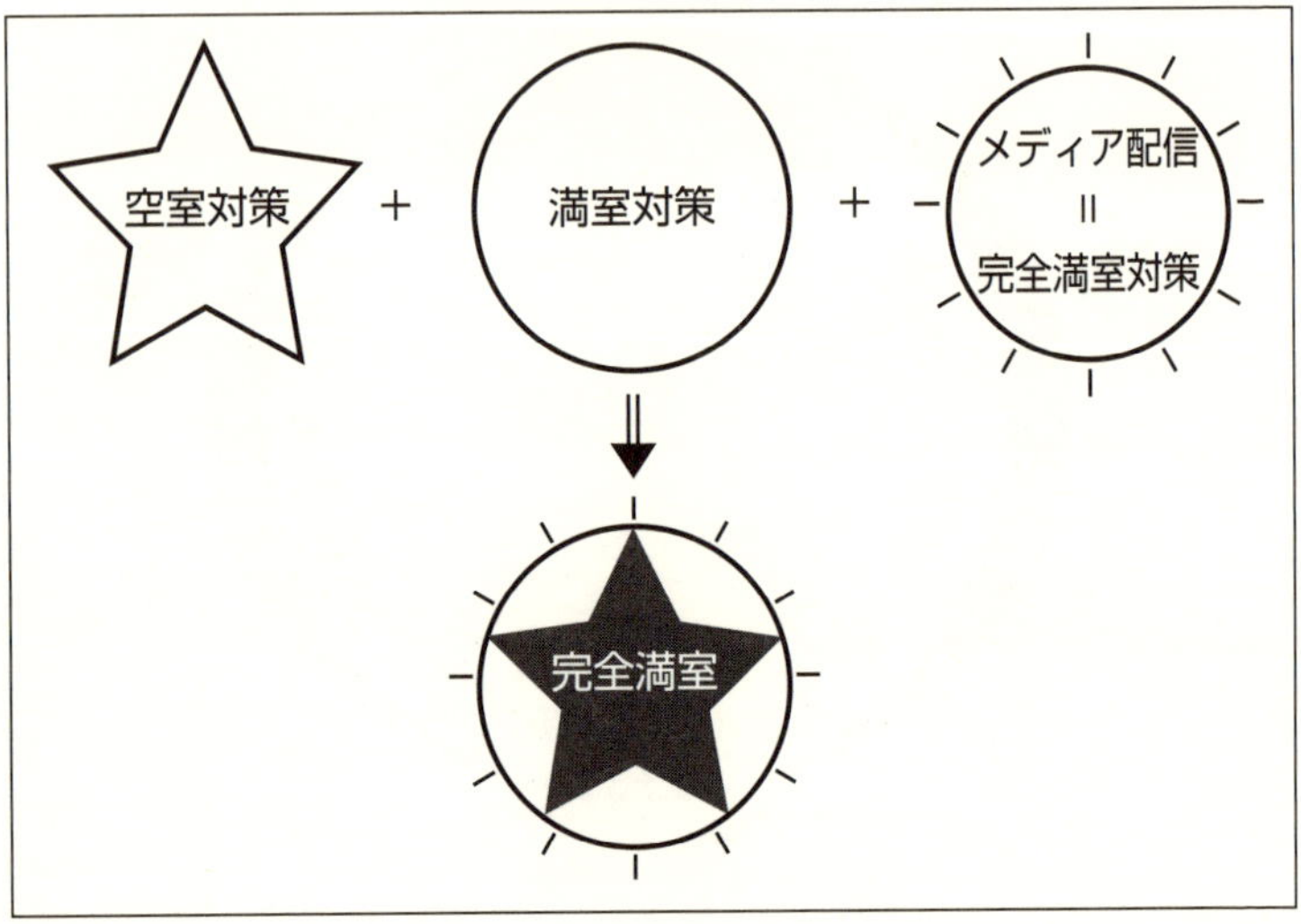


本書では、これらの空室対策と満室対策を合わせて行うことを提唱します。

空室対策をしっかり行って、契約をきちんとして、善良な入居者を入れ、家賃管理をしっかりと行い、クレーム対応をきちんとすることで信頼残高を高め、更新契約で入居者の不満、ガス抜きをし、感謝をもって退去されるというサイクル。

以上が「満室トルネードチャート」の考え方です。これが成立すれば、空室を作らない、つまり退去しない、住み続ける空室対策ができるわけです。

# 自主管理の定義

ここで私が考えている自主管理の定義について、お話ししたいと思います。

よく言われている自主管理とは、本書における「プレーヤー派」となります。

この場合、大家さんの口座に家賃が振り込まれます。銀行で記帳して、振り込んでいない入居者がいると、大家さん自らが入居者に電話をします。

クレームがあれば、それが大家さんの携帯にかかり、大家さんが業者さんとの調整を整え発注をします。

そして退去立会いからリフォームまで全てオーナー手配で行っていくことになります。

大家さんがいわゆるその物件の管理人になる。

そういったことを世間一般では自主管理というのですが、私は「自主管理という言葉に、混同が生じているのではないかな?」と思うわけです。

一般的にいう「自主管理」の反対として「管理委託」があります。

これはサブリースも含めてですが、管理会社にその経営代行、管理を委託して行います。

管理委託をするオーナーの中には、管理会社に依存して経営代行をしてもらった結果、賃貸経営事業者であるにも関わらず、経営実態を把握していない方もいます。

本書では「**自主管理**」を、自営業派、アウトソーシング派に関わらず、「**オーナーシップを持って賃貸管理すること**」と定義づけております。

管理を他者に依存するのではなく、入居者のことを理解して、家賃の入金状況、さらに入居者がどういうクレームを言い、さらにそれがどういう風に、善循環で更新につながり感謝をされているのか。そして、退去していくのか。

これらを大家さん自らが把握して賃貸経営することが重要だと思います。

これこそが、この本書で目指す自主管理であり、読者のみなさんにそのマインド持って欲しいと思います。

## 草食系入居者がベスト

草食系入居者とは変化を好まない入居者のことを指します。

終身雇用系の会社に勤務して，毎日定時出社退社をします。たとえ残業しても７時か８時には帰って，自炊や外食で夕食をとったら，そのままお風呂に入って夜は規則正しく寝る……そんな毎日を送っています。

特に趣味もなく，ＡＫＢのテレビを見るくらい。トラブルを好まない。恋人もいたり，いなかったりしますが，今はいなくて喫煙もしません。

そんな変化を好まない入居者を入居させるのが，大家さんにとってベストです。

彼らは，ずっと同じところに住むことを好みますし，部屋の使い方もきれいです。何もトラブルを起さずに，毎月決まった日に家賃を入金します。

変化を好まない分，家賃を上げたり下げたりも気にならない。むしろ変わって欲しくない。そのような価値観を持っています。

彼らのような入居者を，私は草食系入居者と呼んでいます。実は草食系入居者というのは，お父さんお母さんも変化を好まない人が多いです。自分の所有物件に，そういう方をいかに入れていくのかがポイントです。

# 第1章

# はじめての不動産購入後の対応

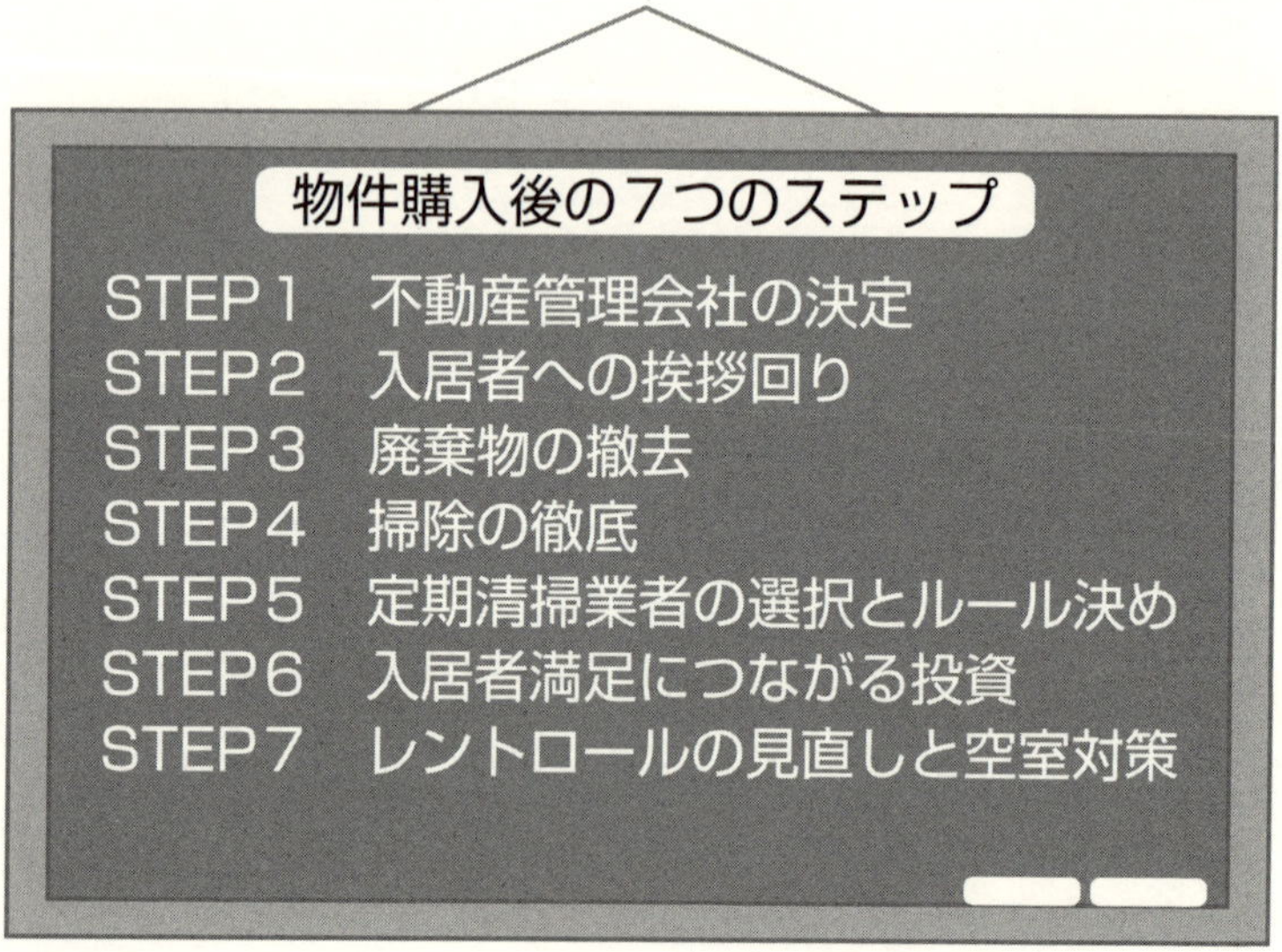
物件購入後の７つのステップ
STEP１　不動産管理会社の決定
STEP２　入居者への挨拶回り
STEP３　廃棄物の撤去
STEP４　掃除の徹底
STEP５　定期清掃業者の選択とルール決め
STEP６　入居者満足につながる投資
STEP７　レントロールの見直しと空室対策

この章ではじめて不動産投資をした方へ向けて、不動産購入後の対応を説明します。すでに収益不動産をお持ちの方もここで紹介する、不動産購入後の対応をぜひ参考にしてください。

不動産購入から、いかに不動産を円滑に経営していくかに向けて、必要な情報である「物件購入後の7つのステップ」をお伝えします。

# 物件購入後の７つのステップ

## STEP１　不動産管理会社の決定

まず投資家さんが収益不動産に買付をいれます。買付から契約、決済、引渡しまでの間に管理会社をどこにするのか決めます。

最初に所有物件の管理方針を決めてから、管理会社を決定します。

さらに物件を引き渡されてから、入居者に家主の告知をするまでに、管理会社を徹底的にリサーチすることが必要です。

この際に自分で管理を行うと決めた大家さんを「プレーヤー派」と呼びます。自分でどのように「極力手間無く自主管理をするか」を考えます。

管理委託を行うことを選んだ大家さんは、いかにベストパートナーの不動産管理会社をみつけるかがポイントになります。

アウトソーシングにしようということになった場合、選択肢は次の3つです。

## ❶従来の管理会社にそのままお願いする

この場合は、「空室の原因が売主（前の大家さん）にある」という場合です。

管理会社が円滑な管理運営に関する提案していたにも関わらず、売主が受け入れていなかったのであれば、「なぜ受け入れられるように、管理会社が提案できなかったのか？」というところをしっかりとヒヤリングしましょう。

その結果、「管理会社を変える必要がない」ということであれば、そのままお願いします。

## ❷不動産売買時の仲介業者に紹介してもらう

物件の売買を仲介する不動産投資会社には、売買することを専門にしている会社も多くあります。

これらの会社は、収益不動産の情報を、地元の管理会社さんの付き合いによって得ていることも多く、結果として、管理会社の情報を持っています。

そのことから売買の仲介会社から実績のある地元の管理会社を、紹介してもらうのも堅実だと思います。

### ３ 大家さんが管理会社を探してお願いする

❶も❷も叶わない場合は、大家さんが管理会社を探してお願いします。次のチェックポイントを参考にしてください。

## 管理会社にお願いする時のチェックポイント

### １ 前の所有者が売りに出した理由

売りに出した理由から、物件の課題が見えてくることがあります。

具体的には「空室が続き賃貸経営する気持ちがなくなった」「近いうちに大規模修繕しなくてはいけない」「騒音騒ぎを起こす問題入居者がいる」などです。

### ２ 契約書類の有無

まず契約書がどういう状態にあるのか確認します。

そして、管理引継ぎのときに契約書を新しく作り直すのか。その際に費用は発生するのか、というところも含めてリサーチします。

## 3 物件の現在のレントロールと相場賃料の差異

レントロール（過去の家賃表）をチェックします。管理会社に聞いて、現在の相場との差異を確認します。

エリアによって1万円くらい差がある場合は、いわゆる旧入居者が高い家賃を払っている場合があります。

「では現状の相場はどうなのか？」という目線で見る必要があります。

## 4 管理会社の所在

物件をまかせる管理会社には、何かあった際、すぐ対応してもらうことが理想です。その場合、物件まで1・5㎞程度。自転車で行ける範囲くらいの距離にある方が、足まわりも良いと思います。

## 5 管理料

安いところで3％、高いところで7％。1戸当たりいくらという感じで金額が設定されている場合があります。この管理料をよく高い、といって不満をいう大家さんがいますが、落ち着いて考えれば、それが決して高いものではないことが分かるはずです。

例えば、あなたの持っている物件に専属の管理社員を1人雇えば、十数万円もかかるわけです。

仮に7％だとしても、家賃収入の90％以上が大家さんに入ってきますから、アウトソーシングコストとしてはかなり安いと言えます。

## 6 管理体制

縦割り分業の場合は横の繋がりが無く、それぞれの部門担当が大家さんにバラバラに連絡をした結果、各部門の情報を大家さん自身が管理するようになっていることもあります。

縦割り分業がどういうことかと説明しますと、管理会社には、空室を埋める部門として賃貸仲介部、家賃管理などの管理部、リフォームや小修繕などを担当するリフォーム部とそれぞれ分業になっており、各部に担当者がいるのです。

例えば、空室が決まった場合に仲介部門から大家さんに連絡があります。次に契約金を受け取ったら、管理部門から連絡があり、入居に至るまでのリフォームや小修繕はリフォーム部門の管轄となり、管理部門から連絡が入ります。

このような縦割り分業の管理体制では、進展状況の全体を把握する人間が、大家さんだけとなり、それぞれの連携がとれていないことによって効率が悪くなるケースが見受けられます。

具体的には契約日までにリフォームを行わなければならないのに、社内でその調整がとれていない……などです。

こういった混乱を避けるためには、管理会社の窓口になる担当者を1人決めます。そして、その窓口の担当者に、分業の調整をしてもらうのが効率的です。

もしくは、それぞれの連絡の際に、メールであればｃｃを入れて情報共有をするなど工夫をすることが必要になります。

## 7 管理会社のＨＰ

管理会社のホームページを確認しましょう。日々、管理物件の空室情報を提供しているか、ＳＥＯ対策がされていて検索をすれば上位表示されてくるホームページなのか。物件の写真、詳細情報がきちんと掲載されているのかをチェックしてください。

## 8 管理会社の店舗

管理会社で仲介部門を有している場合は、その管理会社の店舗をチェックしてみると、そこが「売買が主力なのか？」「賃貸が主力なのか？」がわかります。

売買が主力であれば、店頭に飾られているのは売買チラシになります。つまり、何がどこで商売の柱になっているのか？　をよく確認する必要があります。

この場合は、賃貸仲介を主力としている方が、管理会社として信頼できます。

## 9 あなたの所有不動産の周辺の募集看板が多いか

所有物件の周辺を見回してみましょう。

物件ごとに管理会社の募集看板が掲示してありますが、ある一定の会社が多ければ、そこがエリアナンバー１と判断できます。

地場に強い会社であれば、入居者も安心できるので、そういう目線で管理会社を決定していただければと思います。

大家さんにしても、地元に根付いて営業している管理会社に委託することで安心につながります。

## 10 他の管理物件の現況

9と同様に募集看板がある物件をチェックします。建物の管理状況、エントランスは駐輪場の様子など、実際の管理状態を見ることが大事です。

たとえ面談時に優れたプレゼンテーションができたとしても、実際の管理状態がいまいちであれば信頼できません。

## ♧STEP2　入居者への挨拶回り

管理会社が決定したところで、「新しい大家さんに変わったこと、管理会社が変わったこと」を既存入居者に対して報告がてら、挨拶回りをしましょう。

プレーヤー派は自分で行い、アウトソーシング派は不動産管理会社の担当者にお願いすることになります。

ただ、挨拶文をポスティングしたり、挨拶して終わりではなく、「前の家主と明らかに違う」という点をアピールします。

### 挨拶回りのチェックポイント

#### 1 契約書類の確認

挨拶回りの前に契約書類の確認をしましょう。まず契約時に入居者の連絡先について、どのように記載されているかを把握します。

入居申込書の記載をみれば、前オーナーが管理委託していた管理会社が、どういう情報を得ているのかがわかります。

今なら携帯電話番号だけでなく、いろいろな要素も考えて、ケータイメールアドレス、PCアドレス、保証人の固定電話番号に携帯番号と、とれる情報はとっておくべきでしょう。

3・11の震災時には、携帯電話がつながらなくて困ったものですが、私はPCアドレスと固定電話を使うことで、入居者と連絡を取り合うことができました。

連絡先が携帯番号しかわからない場合は、挨拶まわり時にその他の連絡を確認します。

## 2 挨拶回り

プレーヤー派は大家さん自らが挨拶に回ります。アウトソーシング派は新しい管理会社の担当と調整して挨拶にいくことになります。

そして、「所有者が変更しました」という変更のお知らせと合わせて、「管理会社が変更になります」というお知らせを行います。

そのときのポイントは、一緒に小修繕をしてくれる人、もしくはその管理会社にリフォーム担当がいればリフォーム担当者、もしくは提携しているリフォーム屋さんがいればリフォーム屋さんと一緒に、既存入居者へ挨拶回りすることです。

そして挨拶の際に、「お住まいの部屋に、何か不満はありませんか？」ということをヒヤリングします。

その理由については、次の項目で説明します。

## 3 設備クレーム、人的クレームがないか確認する

売買物件は、もともと建物のメンテナンスをしていないケースが多くあります。

とくに1棟ものの中古物件の場合は、だいたい前オーナーが資金面でも気力面でも、ギブアップしてしまった物件であることが多いです。

部屋に問題があって、入居者がクレームをいったところで、対応できていないこともあり、不満があっても入居者は引っ越せない……と、不満を抱えている場合が多いのです。

そこで、新しい大家さんとして挨拶がてら、その不満を解消してあげることができれば、既存の入居者さんに快適に住み続けてもらうことができます。

水道のパッキン、建具の調整、網戸の調整など、ちょっとした小修繕をその場で解決してあげれば「この大家さんは今までと違う」という目線を持ってもらえます。

結果として、建物の室内に入室できるきっかけとなって、大家さんにとってはなかなか

見ることのできない、室内の状態が確認できるということがメリットです。

合わせて目に見えてこない情報、人的クレームがないかも確認します。

人的クレームとは騒音、ゴミ捨てのマナー問題、隠れてペットを飼っている。他の部屋に住んでいる人が、その部屋のことを不良入居者と思っているかどうか……という目線でヒアリングします。

そして、心配があれば、管理会社の担当者とすぐに打合せを行います。

プレーヤー派の大家さんであっても、リフォーム業者を伴って挨拶まわりすることは可能です。ぜひ、挨拶回りと合わせて、室内の確認を行い、入居者の不満を解決してあげましょう。

## 4 連帯保証人へ「管理会社変更のお知らせ」を送付

管理会社変更、所有者変更の通知は、入居者だけに行えばよいものではありません。連帯保証人にも、知らせる必要があります。

というのも、前オーナーによる管理が不十分な状態では、連帯保証人への連絡は入居時に、承諾書の書名捺印を自分で判を押してもらって、それで終わりです。

その状態で10～20年住んでいるケースがあるわけで、連帯保証人が、「自分が保証人であり続けている」ということを知らないケースもあります。

事例を紹介します。

## 【築20年アパートの入居者Aさんの例】

築古のアパートで入居者Aさんは、20年間ずっとお住まいになっています。保証人にはAさんの親戚のおじさんに頼んでいますが、20年前に保証人を頼んだきりで、そのまま連絡をとっていませんでした。体調を崩して会社を辞めたAさんは、家賃滞納をしてしまいますが、大家さんが保証人に連絡をとったところ、電話がつながりません。親戚のおじさんは5年前に亡くなっていたのです。これでは連帯保証人の意味をなしません。

Aさんの保証人のように、亡くなっていることは少ないにせよ、転居してしまっているケース、その後すっかり忘れているケースは大いに想定できます。

ですから「あなたが保証人ですよ」としっかり知らせる必要があります。

連帯保証人の所在確認する意味もあるため、郵便で送付するのがおすすめです。届かない場合は引っ越していると判断できます。

よくあるのは60歳の定年をきっかけに、戸建住宅からマンションへ引っ越していることです。

その際は、入居者経由で新しい住所を確認しますが、保証人の所在がはっきりわからないのであれば、新たな保証人を立てるか、滞納保証会社と契約を行うよう調整する必要があります。

所在がわかった連帯保証人には、「これは任意ですが」と前置きして、連帯保証人引き受け承諾書と実印の新しいものも併せて送ってもらえれば、継続の意思確認が取れたということになります。

契約書を巻き直せるのであれば良いですが、基本は原契約の引継ぎになります。まずは連帯保証人に「管理会社変更のお知らせ」を送付するというステップを踏んでください。

## ♧STEP3　廃棄物の撤去

入居者に長く住み続けてもらうためには、快適な共用部をキープし続けることが大事です。

STEP3〜5にかけては、共用部分、いわゆるエントランスから共用廊下、もしくはゴミ捨て場や、自転車置き場等の共用部分を完全に「リセット」します。

そして、しっかり管理の仕組みを作るというステップです。

不人気物件の大半が、共用部分がしっかり管理されていません。一度すべて片付けておしまいではなく、きれいな状態をキープする仕組み作りを行い、人気物件にしていきましょう！

### ❶ 放置自転車

自転車通勤圏であれば、放置自転車を撤去することによって、入居者の満足度はグンと高まります。

とくに放置自転車によって駐輪スペースが狭くなっていた場合、入居者は「この放置自転車なくならないかなぁ」と常に思っているわけです。

毎日毎日怒りの感情を持ったまま、自転車置き場で入れたり出したりしているということなので、きっちりと放置自転車を無くします。

もちろん、内見にきた入居希望者からの好感度もアップします。

補足情報として、放置自転車に見えても、実は放置自転車ではない可能性もあります。

よくあるのは、前の入居者がそのまま置いていってしまったケースです。

未然に防ぐためには、入居者の引っ越し時に、管理会社が退去立会いをするのですが、退去立会いのチェック項目のひとつに、駐輪場の自転車に放置が有るか無いかということを確認する必要があります。

「もういらない」という場合は処理代をいただいて、敷金精算をして撤去してもらうのがおすすめです。

## ❷ 粗大ゴミ

粗大ゴミは電化製品など有料で処分するゴミがそのまま放置されていたり、清掃局に連絡がいっておらず、長くほったらかしになっている状態です。

粗大ゴミが長く置いたままであれば、「ここに置いていいのか」とゴミはどんどん増えてしまいます。

既存入居者さんは放置自転車同様に「このゴミいつまであるんだろう?」と不満に思っていることが多いです。

## 3 未回収のまま放置されたゴミ

こちらは分別がきちんとされていないため、回収されていないゴミです。

管理会社からすると、未回収ゴミも放置自転車や粗大ゴミも、処理するためには手間やコストがかかるため、提案や判断を先送りにする傾向があります。

大家さんからしても、遠方に住んでいる場合は、入居者からクレームとしてあがってこない限りは、気づかずスルーしてしまう傾向にあります。

ですから、これは管理会社を変更したタイミングや、物件の購入直後、最初にやってしまった方が良いでしょう。

共用部分にある放置自転車やゴミなどが無くなったら、次にステップである「掃除の徹底」に進みましょう。

## ♧STEP4　掃除の徹底

これはプチリニューアルに近いステップになります。外観は変えないけれど、全体的な何か変わった感じを出して「あれ？　変わったな！」と思わせる演出をします。

掃除の開始前に改善をした方がいいという、リニューアルのポイントが7つあるのでお話しをします。

### 清掃開始前の改善ポイント

#### 1 部屋番号プレートを交換

古い建物の場合、部屋番号プレートが年代を感じさせるケースが多いです。

壊れてはいないけれど、部屋番号が消えてマジックで書いてある……という部屋も見受けられます。

ホームセンターに行けば、デザイン性が高いコストに優れた部屋番号プレートが買えるのでそれに交換しましょう。

ちょっとしたことですが、毎日目にする部分ですから、入居者としては質が上がったように感じてもらえます。

## 2 郵便ポストの部屋番号プレートを交換

郵便ポストは「エントランスの顔」です。内見の際、チェックするつもりはなくても、必ず目にするものです。

しかも、面積の広いところに郵便ポストがあるので、部屋番号プレートが欠けていたり、取れていたり、元々付いていなかったりという状態があると、物件全体がみすぼらしく見えてしまいます。

これもデザイン性と機能性に優れたものにポストごと交換して、カッコいいものにしましょう。

1と2に関してですが、入居者の苗字は出さず、部屋番号のみのほうが、女性など個人情報を気にされる方も含めて安心感を与えます。

## 3 掲示板の新設、情報掲示

内覧時には、共用部分のエントランスから掲示板の前を通りますから、大事なチェックポイントです。

既存の入居者さんからしても大切な情報伝達手段です。

よく前オーナーの管理不足で、何年も更新されていない掲示板があります。

何年も前のゴミカレンダーが貼ってあり、しかも、雨風に打たれて風化して変色して、ヨレヨレになっているものがありますが、これはダメです。

掲示板自体、安普請のものが多いので、この際それも変えてしまいましょう。

なければ新設します。掲示する情報は随時、新しいものにしてください。

## 4 花壇の設置、植栽の植え替え

花壇の設置、植栽の植え替えは入居者に癒しを与えます。

内見時に好印象であると同時に、入居者にとっても有効です。

注意点は、植え替え時またその後の管理に手間がかかることです。

物理的に自分で対応できるのか、アウトソーシングするのか。継続できるかを見極めて始めましょう。

## 5 共用灯のカバー、電球を一度に交換

共用灯の電気はLED電球に交換します。最初は費用がかかりますが、LEDの電球に交換すると長く持ち、虫が寄りません。

全灯を交換したら、その旨を入居者さんにきちんと伝えます。

建物には朝の顔、夜の顔があります。入居者さんの毎日の生活が始まれば、朝起きて会社に行って夜戻ってのなかで、夜の顔の共用灯を変えることで印象が変わります。

蛍光灯の灯りのようにチカチカしませんし、蜘蛛の巣が張ることもありません。共用灯のカバーも欠けたり割れたりしやすいため、それも換えます。

費用はかかりますが、塗装など大掛かりな修繕工事に比べれば、安いものです。低コストで共用部の印象がグッとよくなるので、おすすめです。

## 6 草むしり

プレーヤー派は自分で、アウトソーシング派は管理会社に発注をかけます。その際、草むしりは別料金になります。

アウトソーシングの方法として、定期清掃業者さんに委託する、シルバー人材さんに委託する方法があります。

草が生え始める初夏と、生えきった夏に、通常に1名人員を足して一気にやりきるのがおすすめです。

草むしりをした後は、除草剤や撒き石などで再度生えないように工夫します。

## 7 排水溝の清掃、蓋の交換

排水溝の清掃は、STEP5に記載する定期清掃業者に依頼するとより効率的にできます。定期的に清掃することが大事です。

また蓋もけっこう汚いので、はじめのうちに思い切って換えます。

## ♧STEP5　定期清掃業者の選択とルール決め

### ❶ 管理会社を通して発注

管理会社からアウトソースする場合は、値段で決めます。管理会社のマージンがのっている場合も考えられますが、決して高すぎない、ということであれば依頼をしていいと思います。現地が汚ければ、管理会社にお話しをしてやり直してもらうことも容易です。

ただし、管理会社の社員が清掃する場合には、管理会社にお願いしない方が良いでしょう。プロでもない社員の清掃はあまりきれいにならないからです。

### ❷ 自分で探して発注

ネットで地域の清掃業者を探したり、口コミで探します。同じ地域の大家仲間から教えてもらうのも良いです。

### ❸ シルバー人材センターを通して発注

シルバー人材センターでは、「どこまで対応できる、どこまでは対応できない」がありますので、この辺はしっかりと現地を調査してください。

あとは人材が不足しているケースも考えられます。条件に合う人材がいるかを確認します。

## ♧ＳＴＥＰ６　入居者満足につながる投資

新規入居者ではなく既存入居者を対象にして行います。

既存入居者とは、現在住んでいる入居者のことです。毎日の生活環境が不満足なままでは、すぐに退去してしまうことが考えられます。

ここでは既存入居者さんにしっかりと満足をしていただくためのポイントをお伝えします。

前述のＳＴＥＰ２で「入居者への挨拶回り」を行った中で既存入居者から不満をヒヤリングしました。

その結果「どういう風な対策を取るか？」を考えます。すぐに直るような小修繕であれば良いですが、そうでない場合では、入居者に長期で住んでもらうためには、既存入居者に投資することが大事です。

既存入居者への投資でおすすめなのは次の４つです。

### １　エアコンの交換

**2　電気コンロの交換**
**3　鍵のグレードアップ**
**4　共用部分の防犯対策**

実際に設備交換を行ったら、全入居者に対して、「この度、現場確認したところ、エアコンの製造年が古いものが多かったので新調させていただいた」ということで、行ったことに加えて、「なぜそうしたのか?」までも含めて、きちんと伝えます。

それによって既存入居者は満足感を深めることでしょう。

## STEP7　レントロールの見直しと空室対策

最終的にレントロール全般を見直して、空室対策をとります。レントロールは、各部屋の家賃表です。

間取り図とレントロールがあれば、空室対策全般、未来予測もできます。購入後にレントロールを見直すのは大切な行動です。

レントロールの見直しとはどういうことなのか説明しますと、現状を確認した結果、長期で住んでいる人の方の家賃が高いことも多くあります。その場合は、相場価格での見直しを考えます。

ここでは4つの見直し案をお伝えします。

## ■ レントロール見本

| A 様 | B物件 家賃支払精算書 | 平成●年●月分 |
|---|---|---|

| | 号室 | 入居者名 | 賃料 | 共益費 | 駐車場代 | 合 計 | |
|---|---|---|---|---|---|---|---|
| 現入居者よりの家賃等の入金額 | 101 | C井 D明 | 48,000 | 3,000 | 5,000 | 56,000 | 56,000 |
| | 102 | 空室 | | | | 0 | |
| | 103 | E原 F久 | 40,000 | 3,000 | 0 | 43,000 | 45,000 |
| | 105 | G井 H充 | 40,000 | 3,000 | 0 | 43,000 | 43,000 |
| | 106 | I野 J浩 | 38,000 | 3,000 | 0 | 41,000 | 41,000 |
| | 107 | K嶋 L太 | 39,000 | 3,000 | 5,000 | 47,000 | 47,000 |
| | 108 | M田 N子 | 40,000 | 3,000 | 0 | 43,000 | 0 |
| | 109 | O中 P太 | 40,000 | 3,000 | 5,000 | 48,000 | 48,000 |
| | 110 | Q藤 R香 | 40,000 | 3,000 | 0 | 43,000 | 45,000 |
| | 201 | S木 T江 | 40,000 | 3,000 | 0 | 43,000 | 43,000 |
| | 202 | U邉 V一 | 38,000 | 3,000 | 0 | 41,000 | 41,000 |
| | 203 | W川 X美 | 42,000 | 3,000 | 0 | 45,000 | 45,000 |
| | 205 | Y枝 Z人 | 43,000 | 3,000 | 5,000 | 51,000 | 46,000 |
| | 206 | A野 B子 | 41,000 | 3,000 | 0 | 44,000 | 44,000 |
| | 207 | 株式会社C | 52,000 | 3,000 | 0 | 55,000 | 55,600 |
| | 208 | 株式会社D | 44,000 | 3,000 | 0 | 47,000 | 47,000 |
| | 209 | E島 F明 | 38,000 | 3,000 | 0 | 41,000 | 41,000 |
| | 210 | G川 H志 | 42,000 | 3,000 | 5,000 | 50,000 | 47,000 |
| | 合 計 | | | | | | ⑥ 734,600 |

## レントロールの見直し案

### ❶ 先手を打って、高すぎる部屋は家賃を減額してバランスを取る

これは高めに設定した家賃を相場まで下げるので当然、入居者の満足は得やすいです。ただし大家さんの収入は減りますが、入居年数が長くなる確率が高まります。

### ❷ 先手を打って設備を新設し、付加価値を提案してバランスを取る

ＳＴＥＰ６の「入居者満足につながる投資」をして、家賃を下げないという選択肢になります。

### ❸ 退去するまで、入居者から交渉されるまでは家賃をいじらない

その背景として、入居者は家賃を払い続けているということは、相場より高い家賃であったとしても、払うだけの価値があると判断して払っているわけです。

そのため「現状の家賃で問題ない」ということです。しかしそのことが入居者に知られ、クレームを言われるリスクがあります。

## 4 家賃はいじらず、更新時に再度検討する

基本は3の判断ですが、更新時に1の家賃の調整もしくは、2の付加価値の提案を行います。

## その他のアプローチ

### 1 プロパンガス業者の変更

これも重要です。プロパンガスの業者を変えることによって、いろんなサービスが受けられる場合があります。

もしくは従来のプロパン会社にサービスの見直しを提案します。

「実はプロパン会社を変更しようと思っています」と言うよりも「○○という提案を受けているのですが変えていいですか？」と既存のプロパン会社にも、同じく声掛けをした方が良いでしょう。

サービスは、給湯器の無償交換は欲しいところです。プロパン会社によっては、テレビ付モニターフォンの無償交換などがあります。中にはユニットバスの交換をしてもらった大家さんもいます。

### 2 太陽光発電、自動販売機等導入の検討

太陽光発電の場合は屋根、自動販売機の場合は、敷地内スペースなど、空いている場所

を活かして収益につながる考え方です。

設置することができるかできないか。その場所を貸すことで何かお金を得られないか検討します。

他に収益アップをする方法としては、例えばトランクルームにしたり、バイク専用のガレージ、携帯電話のアンテナ、広告看板を表示して収益を得るなどがあります。

## 3 駐車場の区画の振り分け

地方の中古マンションで、旧規格のまま駐車場のスペースで区画が振り分けられていることがあります。

その結果、大型車が停められない、小型車なのにスペースが余っているという場合があるので、そこをきちんと振り分けることによって、置く台数が増えたり、いろんな意味で整理できる場合があります。

**STEP1〜7というのは、引渡し以降後にほぼ同時並行で進めていきたい**ものです。

購入後の最初の動きは非常に労力がかかりますから、購入された投資家さんは、それなりの時間を確保していただかないといけません。

また同時に進めていくのですが、ステップの順番を守ってもらう方が、効果を期待できます。

最初にやるべきは、新規のお客さんを探す前に、今住んでいる既存のお客さんとのかかわりを深くして、既存のお客さんに長く住んでもらえる環境をつくり上げることです。

例えば中古マンションを新しく購入して空室がいっぱいあると想定しましょう。

その分、割安で買っているので、満室になれば大家さんは儲かります。

だからといって空室対策に走るよりは、そもそもなぜこのマンションに空室が多いのか、原因を探らなければなりません。

入居者が退去するということは、やはり不満足の原因があるわけで、今住んでいる入居者さんに、「何が不満なのか？」ということをしっかりリサーチする必要があるのです。

購入して、既存のお客さんを無視して、いきなり空室対策をはじめる投資家さんが多いのですが、これは失敗につながるパターンです。

まずは大家さんとして、現状を把握しておくことが最重要です。その中でまずは「不満を解明していくことを心構えとして持ってください。

このＳＴＥＰ１〜７をうまく進めていったところで、それから空室対策に力を入れていきます。

## 申込者を入口で排除する

申込書の文字を見て，申込者の内容を確認して，審査段階でトラブルを限りなく生まない審査結果を出します。

例えば，連帯保証人をつける，保証会社をつけるというのがベースになってきますが，場合によっては連帯保証人を２人にするのも方法としてありますし，もしくは定期借家契約にする等も考えるべきです。

# 第2章

# はじめての空室対策

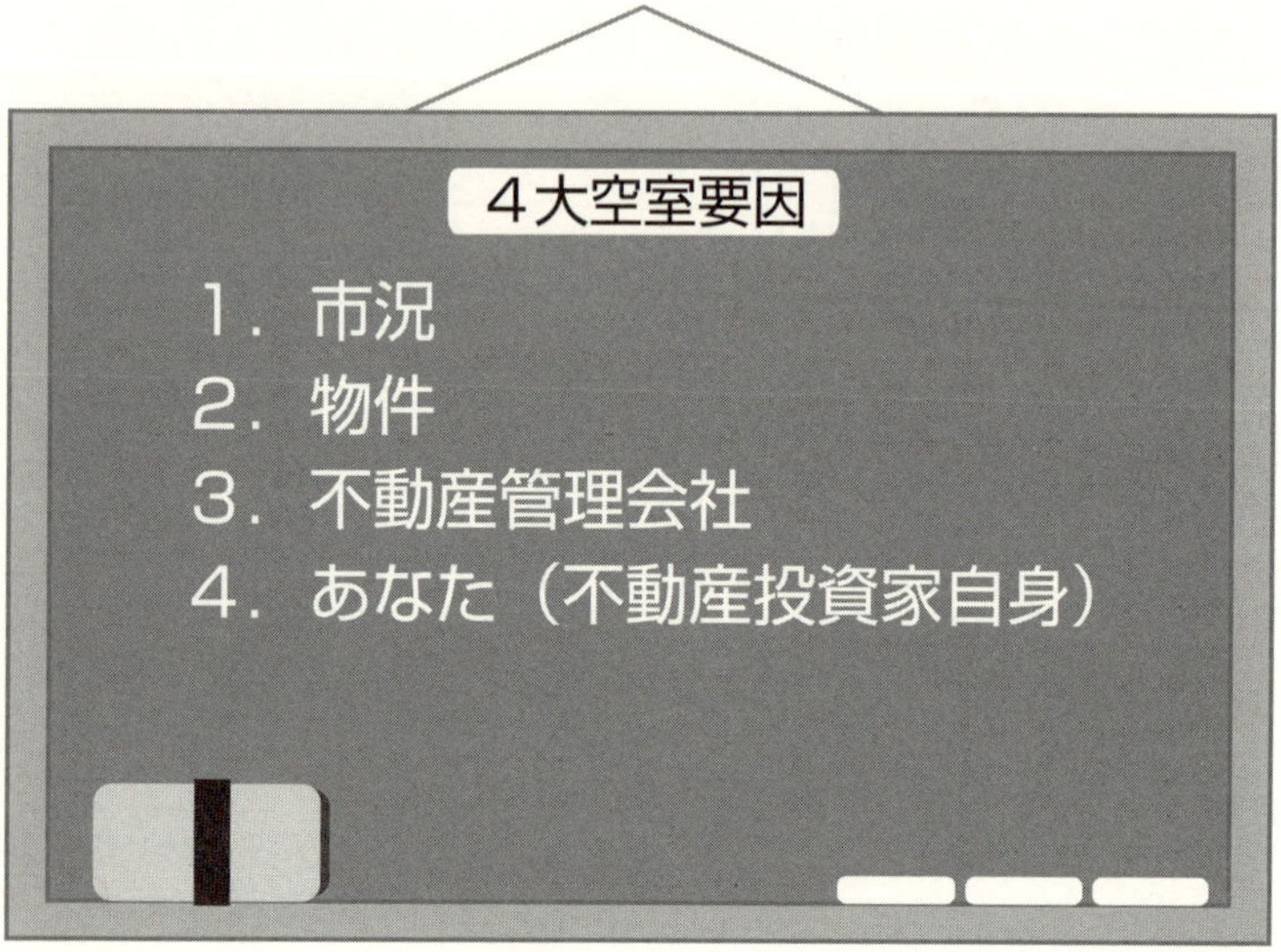
4大空室要因
1．市況
2．物件
3．不動産管理会社
4．あなた（不動産投資家自身）

第1章では、賃貸不動産を購入してから、空室対策をするまでの方法をお話ししました。

タイムスケジュールとしては、第1章と第2章の内容は同時に進めていくものです。第1章に書いてあることをしっかりと固めながら、2章の空室対策をしていくのが大切です。

さて、空室対策をするにあたって、「なぜ空室になるのか？」を解説します。まず、空室には4大空室要因があります。

## 1 市況

現在、不景気の影響で「人が動かない＝引越さない」という状況があります。

こういった市況については、大家さんが肌で感じていらっしゃると思います。

そもそも引越しは、かなり強い動機づけがないとできません。シングルでもファミリーでも、引越しをするのはお金がかかりますし、パワーも必要です。

お金が稼げず、先行きの見通しが立たない今は、引越しする理由もありません。

このように、人の動きがない市況ということが1つ目の要因です。アベノミクスの効果や2020年のオリンピックによって景気が良くなると言われています。

その中で引越し需要が盛り上がる可能性はあるのでしょうか。

2014年8月現在、景気上昇が引越しにつながっているのかといえば、日々生活をしている中で実感をされている方も少ないでしょう。

現状で消費者はお金を積極的に使うのではなく、節約傾向にあります。それは入居者も同じです。

また「人口が減少していく中で、結婚しないシングルの増加で世帯数は増えて続けている」という話しをよく聞きます。

■ 日本の人口と世帯数の推移（2010年以降は予測）

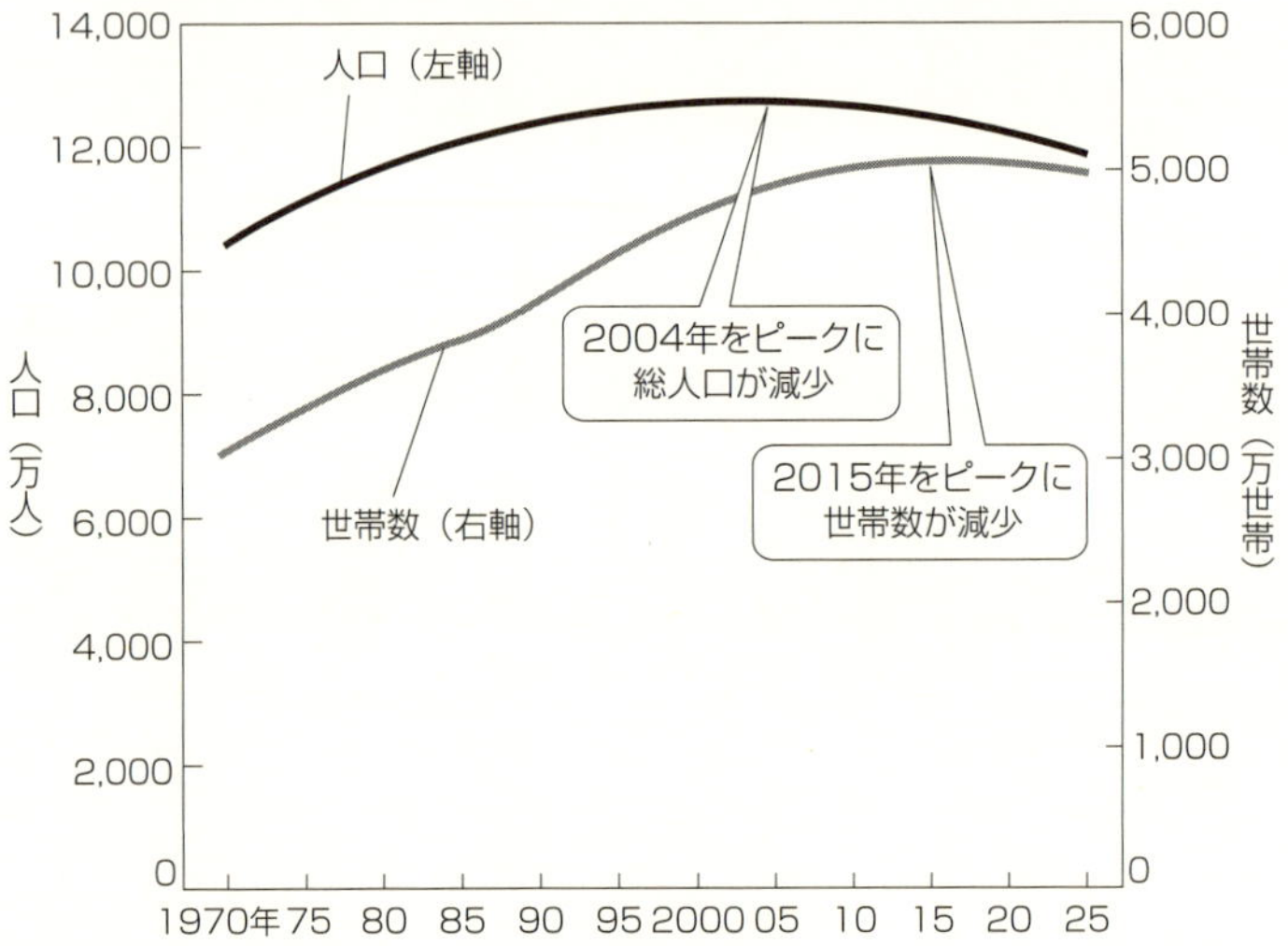


注） 2005年までは実績値、2010年以降は予測値
出所） 国立社会保障・人口問題研究所資料より作成

たしかに２０１４年度までは世帯数が増えていますが、２０１５年以降には、この世帯数も減っていくということです。

賃貸経営はマクロ的な考えも必要ですが、現場では常にミクロ戦です。

このように、空室には市況の原因はありますが、だからといって不動産投資、賃貸経営を悲観的に考えることではありません。

世帯数、人口も減り続けていきますが、あくまでもマクロ的な考え方に過ぎないのです。

ミクロ戦をしていく賃貸経営においては、何らかの形で人が動く

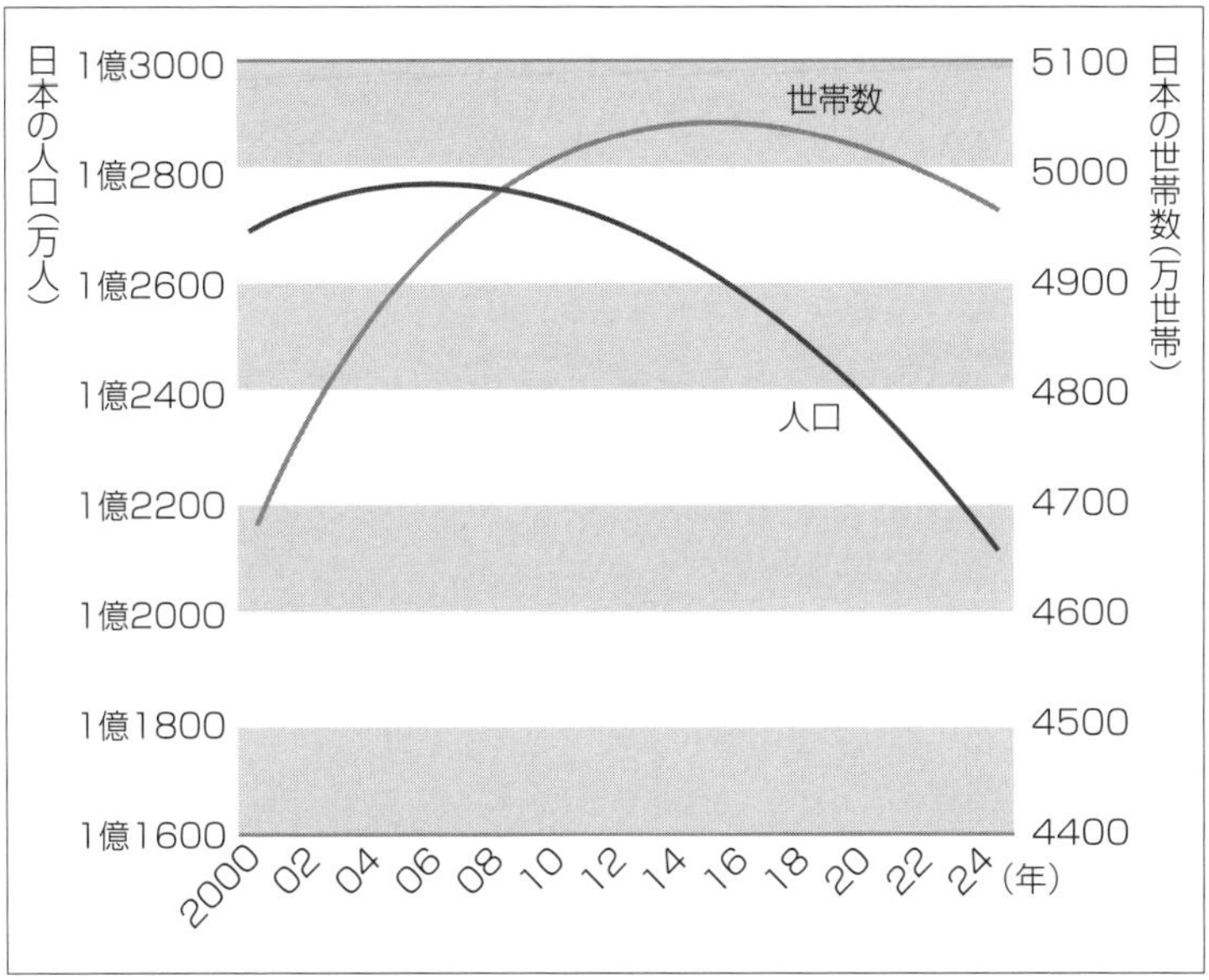


ということは必ずあります。

つまり、景気動向に関係なく引越しをするニーズはあるのです。

数は減りながらも賃貸需要がある中で、これからは「勝ち物件」と「負け物件」がはっきりしてくる時代になってくると思います。

本書をお読みの大家さんには、セミナー、勉強会など、賃貸経営の勉強をし続けて、ご自身が進化しつづけることによって、ぜひ「勝ち物件」になっていただければと思います。

そのノウハウについては惜しみなくご提供したいと思います。

## 2 物　件

### (1) 建　物

次は物件自体に問題があるケースです。これは1章でもお伝えしましたが、購入後の物件というのは、何か理由があって前オーナーから手放された物件です。

物件に思い入れがないケースがあり、本来やるべき建物の修繕をしておりません。

具体的には雨漏れ、もしくはエントランスへ不要物が放置されて、非常に汚い状態になっているなどです。

そういうことで物件自身が補修され続けていないということが原因で、入居が決まらないということが考えられます。

また、空室になって1年以上の物件であるにもかかわらず、メンテナンスがされていない場合では、仮にリフォームがしてあったとしても、ほこりが積もって薄汚れた状態になっています。

締め切った室内にカビが生えたり、排水溝からの匂いが感じられる場合もあります。

やはり定期的なメンテナンスや、室内クリーニングを入れる必要があります。

そういうところが原因で、なかなか決まる物件にならないということが空室要因の2つ目としてあります。

リフォーム済の物件であっても、とくに地主さんに多いのですが、入居を決めようという思い入れがない大家さんは、せっかくのリフォームが空室対策になっていないこともあります。

本来であれば、部屋を良くするためのリフォームが、ただの**原状回復リフォーム**になっているケースです。

思い入れのある大家さんであれば、同じお金をかけても、いろいろな創意工夫で**空室対策リフォーム**ができます。

## (2) 入居者

第3章でも述べますが、入居を決めたいあまり、中途半端な審査をしたことが原因となり、不良入居者がいるケースです。

その不良入居者がいることにより、優良入居者の退去につながってしまうということが現状としてあります。

ここでいう不良入居者とは、家賃滞納、騒音トラブル、ゴミ出しマナーが悪いといった誰にとってもトラブルメーカーになる人を言います。

普通借家契約（P192）をしているがゆえに、大家さんも退去させることができない、というのが問題を長期化させています。

詳しくは次章でお話ししますが、入居時の審査をしっかりと行うなど、賃貸経営の入口対策を行う必要があります。

不良入居者を入居させない確率を高める経営を目指すことで、空室対策を行います。

## 3 不動産管理会社

### (1) リーシング力不足

おもに80年代に創業をした管理会社では、建設会社と提携して地主さんに新築アパートを建設するよう企画提案しているケースがあります。

新築当初は入居募集に苦労しませんし、景気がよい時代には、特別な能力がなくても入居付できました。

そういったシステムを販売して経営をしている不動産管理会社は、入居付に「大変な思い」をしていません。

新築を建てれば、「新築」の力で空室が埋まり、退去をしてはリフォームをするということで「きれいな部屋」で客付することができます。

つまり、管理会社自体が努力をしない中で、客付が行われています。

実際、不動産管理会社はリーシング機能を有していないところが大半です。

私も管理会社がどのような空室対策しているのかをヒアリングしますが、管理会社の事務スタッフが契約しているインターネットに物件情報を掲載する、物件のマイソクを作成する、もしくは、そのマイソクをアットホーム等から経由して、近隣の仲介業者に情報を流す。そこで終わってしまっている管理会社が多いと気づかされます。

なかなか空室が決まりにくくなっている今、旧来の不動産管理会社も意識を変えて、いろいろと取り組みをしてはいますが、実際リーシングに対してマンパワーを割いている不動産管理会社はまだまだ少ないのが現実です。

専属のリーシングスタッフを持ち、客付業者をまわって営業する仕組みが整っていません。

具体的にいうと、各不動産管理会社で懇意にしている仲介営業マンがいるか、いないか？ということです。

たくさんの仲介営業マンのルートを持っている不動産管理会社は、営業マンによって紹介する物件を変え、客付しやすいようにアレンジして空室を埋めています。

そのようにリーシング機能を有していない不動産管理会社、これもまた空室が埋まらない要因のひとつといえます。

### (2) サラリーマン思考

不動産投資家にはサラリーマンが多くいらっしゃいますが、人によっては何千万、何億円の物件を購入して事業を行っています。

そのために多額の融資を受けるなど、サラリーマンの一線を越えて、事業者のマインドをお持ちです。

そんな不動産投資家と、一サラリーマンである不動産管理会社の担当者のマインドには、相当な隔たりがあります。

その不動産管理会社の担当者のマインド＝サラリーマン思考が原因で埋まらないということが考えられます。

サラリーマン思考の管理会社の担当の本心は、みなさんの物件を**「数ある物件の中のひとつ」**と位置付けます。

相続で引き継いだ残債なしのA物件も、フルローンで購入したサラリーマン投資家のB

物件も担当者から見れば、同じような間取りで立地であれば、分け隔てなく扱います。

あなたの物件を特別扱いすることはありません。

どちらかに力をいれても、とくに報われず、その担当者の労働時間が増えて大変になってしまいますし、「あの物件に力を入れて、自分の物件には力を入れてくれない」と言われてしまうため、特別扱いできないのです。

管理会社時代の自分がそうでした。知識がなく賃貸経営のことしか知りません。物件が満室になったところで給料が上がるわけでもなく、勤務時間内に仕事を終えたいと思っていました。

その思考を理解して、打合せする必要があります。

## (3)　クレーム対応力

不動産管理会社でクレーム対応を外注している場合にありがちなことです。

例えばエアコン故障など、設備の不具合があった場合、24時間受付のコールセンターのスタッフは、そのまま管理会社から指定を受けた業者さんに発注をかけます。

その間、経過報告がないまま待たされている入居者のストレスが溜まってしまい、クレーム対応の遅さが原因で退去につながります。

そういうことに気づかずにいる管理会社も見られます。

またコールセンターと契約している会社は少数派です。

管理会社内にクレーム対応専門の人材がいれば良いでしょうが、日常業務の合間に対応しているケースが多いので、そこでの対応も大切です。

サラリーマン思考で、クレーム業務はみんなやりたくないと思っているため、クレームを出した入居者へのフォローという視点が抜け落ちています。

## 4 あなた（不動産投資家自身）

### (1) 大家の力不足

不動産管理会社に依存をしてしまっている大家さんが多いです。

手厳しい意見になってしまいますが、賃貸経営事業者として自覚を持たないまま経営をされている、ただお金をもらっているだけの大家さんが非常に多いというのが現状です。

賃貸経営はアウトソーシング、いわゆる外注がしやすい業界です。

仲介する営業マンも外注、不動産管理会社も外注、そしてさらにリフォームも外注です。

アウトソーシング派は、そのような形で非常に多くのアウトソーシングをしますが、その際、ポイントをしっかり押さえましょう。

ポイントについてP98で紹介しています。

不動産投資家が経営者の自覚を持たず、システムに依存をしきった結果、空室になっているということが十分にあるかと思います。

## (2) チーム力不足（チームメンバー不在）

賃貸経営には大家さんを中心としたチームづくりが欠かせませんが、まだ購入直後の場合、チームメンバー不在であることがあります。

チームメンバーとは管理会社の担当者、客付営業マン、リフォーム業者などです。チームづくりについてはP99で詳しく説明しています。

ある程度時間をかけなければ、関係性を築くことは難しいですし、賃貸経営事業者としての自覚がなければ、チームを作るという意識を持つことができません。

結果として、その物件を持って何年も経つのにエース営業マン（あなたの物件に対して、客付力の高い営業マン）がいなかったり、担当者と十分なコミュニケーションができなかったり、懇意にしているリフォーム業者がいない現状があります。

## (3) 客観性不足

空室対策コンサルティングをしていく中で、大家さんからいろいろな空室に関する相談を受けます。

このときに自分の物件のことしか、お話しをされない大家さんがほとんどです。

それはどういう意味をもつのでしょうか。

大家さんは自分の物件にしか意識が向いていませんが、賃貸の客付の現場においては、その物件だけを見せて、入居するか、しないかを決定するわけではありません。

通常、お客さんに対する仲介営業の現場では、2時間から3時間の中で、賃貸営業マンは3物件から4物件の内覧をしています。

そのときに、あなたの物件が何番目に見られていて、あなたの物件が「決め物件」（担当者にとって本命の物件）になっているのか？　他にどの物件の案内に行っているのか？

このように、いわゆるライバル物件のことを考えていない大家さんがいます。

自分の物件だけしか見ない主観的な空室対策は危険です。

そういう主観的な大家さんは空室が埋まらないとなると、どんどん室内のリフォームや、細かい備品の交換でグレードアップを試みて、成約率を高めていこうと考えます。

ちょっと待ってください。先にやるべきことがあるはずです。それは何かというと、エリア内のライバル物件のベンチマークをするということです。

大家さんが一歩下がって多くの物件を見る、客観的な立場になって自分の物件を見てみるということが必要になります。

・そのエリアによるライバル物件がどのような募集条件なのか?
・どのような設備をしているか?
・どのような立地にあるのか?

これらをベンチマークしながら行っていくことで、満室へ一歩近づいていくことができます。

一方、先述したとおり不動産管理会社は、「数ある物件の中のひとつ」という風にあなたの物件を見ています。

そこで不動産管理会社の担当者に、「自分の物件に対して、主観的に見てくれないか?」という提案をします。

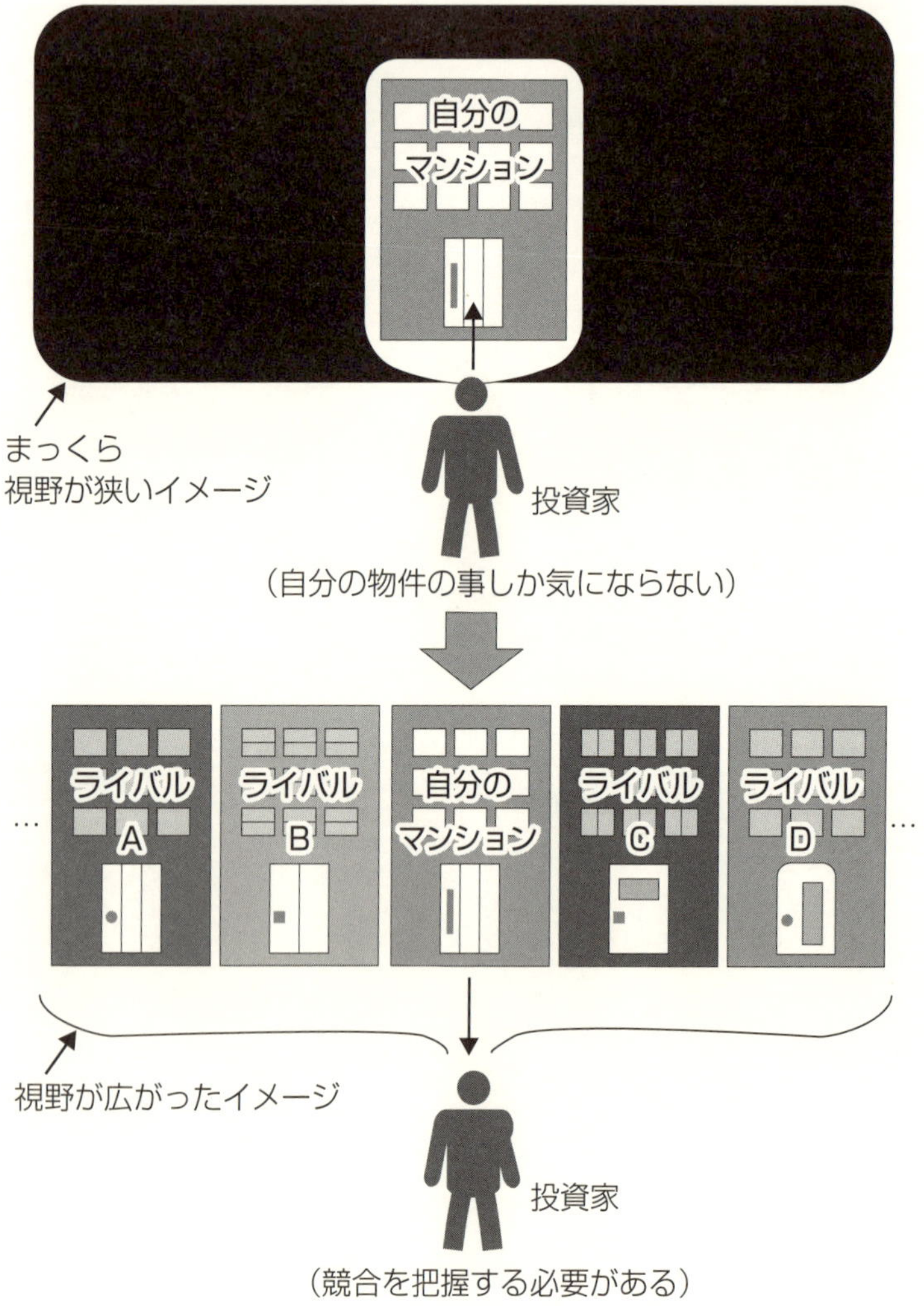
自分のマンション
まっくら
視野が狭いイメージ
投資家
（自分の物件の事しか気にならない）
ライバルA
ライバルB
自分のマンション
ライバルC
ライバルD
視野が広がったイメージ
投資家
（競合を把握する必要がある）

客観的に見ていた管理会社は主観的に見直すことによって、大家さんは自分の物件を主観的に見ているのを一歩下がって客観的に見ることによっての「気づき」があるはずです。

ミクロ的な視点で、そのエリアの状況を踏まえて空室対策をとりましょう。

そのような目線で考えないと、地域にあった賃貸住宅が提供しにくいのです。

他の進んでいるエリアの空室対策、例えばカスタマイズ賃貸（選べる壁紙などの人気リフォーム）など一歩進んだ空室対策が、その市場では余りにも尖り過ぎていて受け入れられないこともあります。

このように勉強熱心な大家さんが、地域の不動産管理や客付業者さんがついていけないような空室対策提案をしてしまっている場合もあります。

それは、正に客観性不足ということのシグナルだと思います。

空室対策のより具体的なノウハウは、ソフトバンククリエイティブ社から発刊されている拙書『たった18日で次の入居者が決まる！　満室革命プログラム』を参考にしてください。

# 満室経営3つの極意

結局のところ、空室対策というのは、**満室になる確率を最大限に高める対策**になります。

あなたの物件は個別具体的なもので、物件の場所を変えることはできませんから、一度ライバルになった物件はずっとライバルであり続けます。

また空室になったときに、ライバル物件の募集条件を見て、常にチェックしていきます。これを**蓄積型空室対策**と呼んでいます。時間がかかるものではありますが、堅実かつ確実なやり方です。

空室を埋めるにあたっては検討する要素は、ビジネスの基本原則に集約されます。その原則とは「商品」「価格」「宣伝」です。賃貸事業では次の3つの用語で説明します。

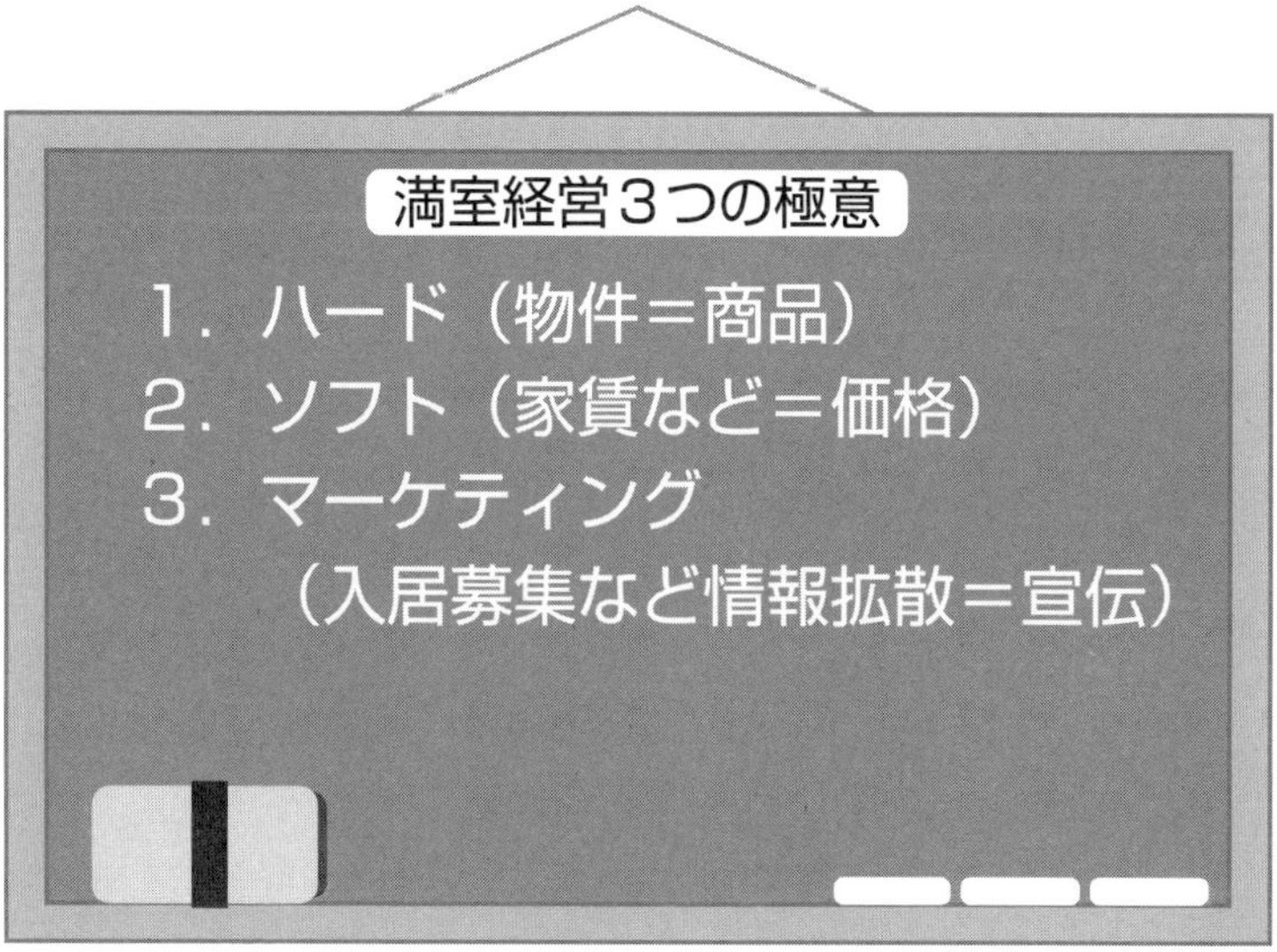
満室経営３つの極意
1．ハード（物件＝商品）
2．ソフト（家賃など＝価格）
3．マーケティング
（入居募集など情報拡散＝宣伝）

## 1 ハード

　まずはハードから説明します。これは通常のビジネスも全く同じですが、まず商品としての魅力を持っていなければ、当然そのお客さんは見向きもしません。

　例えば、あなたがコンビニエンスストアに入ってオニギリを選ぶとき、どのような選び方をしますか？

　海苔がパリパリしているのがいい、しっとりしているのがいい、こういった具がいい、この具はダメだなど、もしくはこの製法がいいとか悪いという判断です。

　この判断を受けて商品が購入されるのですが、判断の前に、まず商品がきちんとしていなくては成り立ちません。

賃貸経営におけるハードというのは、私の考えではまず募集図面、そしてインターネット上やお客様に見せる際の写真、さらには物件のエントランス共用部、そして室内など建物の部分です。

そういった一連のものを、ハード＝商品と定義付けます。

そのひとつひとつをお客様（入居者）に気に入っていただけるかどうかを考えます。

## 2 ソフト

商売でいうところの値付けになります。賃貸経営においては募集賃料、初期費用というところになります。

どれだけ商品が魅力的であっても、その募集賃料や初期費用が、お客様が「これなら住もう！」という意識レベルに立たなければ住んではいただけません。

ですからソフト＝値付けということも、非常に大切です。

## 3 マーケティング

どんなに商品がしっかりしていて、値付けも値ごろで「これならいい！」というものが出来上がったとしても、その物件は看板のないお店で、何も広告宣伝していなかったらお客さんは気がつきません。

「いいものを作れば、お客さんがやってくる」と信じ込んでいる飲食店がよくありますが、大抵は失敗しています。

良いものであれば、それが何で、どこで、いくらで売っているのかをお客様に知らせるべきです。

情報が多い時代だからこそ、マーケティング＝情報拡散は必須と考えます。

# 満室の公式

満室経営するためには、３つの掛け算が必要になってきます。

多くの空室で苦しんでいる大家さんは圧倒的に内見（入居希望者が物件を見学にくること）が足りません。

空室対策をしていく上で、最初のポイントとなるのは「内見者をいかに獲得するか？」です。

先ほど説明した「ハード」「ソフト」「マーケティング」の３つが掛け合わせされると内見数が増えていきます。

増えた内見者によって、次の対策を考えることができます。

その結果として空室が埋まり満室になります。これを私は満室の公式と呼んでいます。

**満室　＝　ハード　×　ソフト　×　マーケティング　×　内見者数**

# 満室経営の満室チーム

あなたは不動産を購入した瞬間、その所有物件に対する社長のようなものです。

その購入した物件の賃貸経営を行うためには、チームがなければいけません。プレーヤー派の方も同じことです。

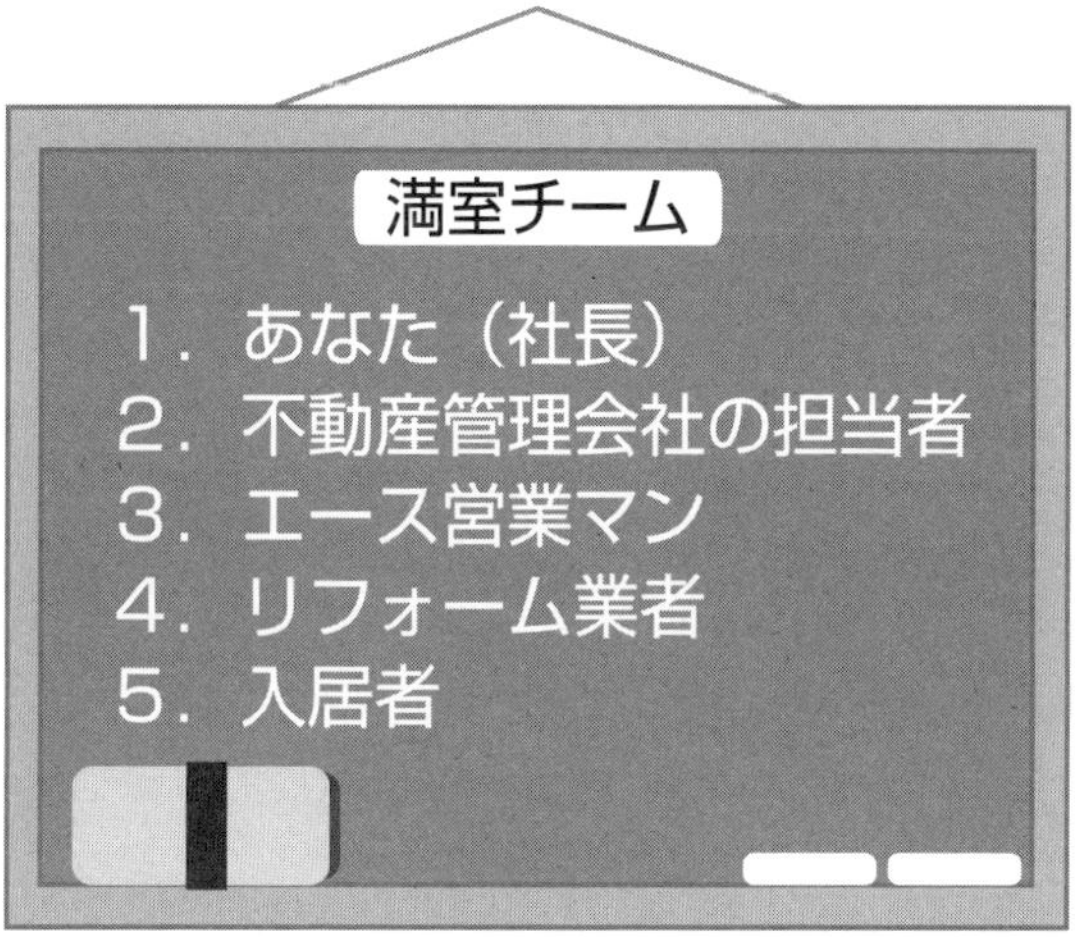
満室チーム
1．あなた（社長）
2．不動産管理会社の担当者
3．エース営業マン
4．リフォーム業者
5．入居者

これで満室経営の満室チームになります。

プレーヤー派であれば、付き合いのある各業者さん。アウトソーシング派であれば空室になったときにはエース営業マンからヒアリングして、リフォームする際には、原状回復リフォームではなくて、空室対策リフォームをするためのリフォーム業者と相談していきます。

# 満室スターチャート

「ハード」「ソフト」「マーケティング」、さらに「大家力」「チーム力」というものをひとつのチャートにしています。

こちらの細かい枝の部分に関しても、『たった18日で次の入居者が決まる！ 満室革命プログラム』に詳細が書かれてありますが、空室対策にとって欠かせない要素についてお話しさせていただきます。

（図「満室スターチャート」（P32）を参照）。

# 真の内見とは

満室の方程式で「ハード」「ソフト」「マーケティング」を検証して、実践することで内見が上がることを説明しました。

ここでは「内見」について掘り下げていきたいと思います。

## 1 あなたの物件に直接問合せをして案内をすること

ひとつ目の内見は「あなたの物件に直接問合せをして案内をする内見」です。

例えばインターネットを見て問合せをしたり、現地看板を見て問合せをしたり、あとは情報誌等を見て問合せをしたりということになります。

ですが、これだけ物件が飽和している中で、大家さんが所有する中古アパート・マンションは、ごくありふれたものです。

同じような物件が多くある中で、問合せされる確率はそれほど高くありません。

つまり問合せがあれば、「本気度が高い」とみることができます。

## 2 営業マンが、あなたの物件を決めるつもりで案内をすること

空室対策の中で、賃貸営業マンは大きな役割を果たします。

まず入居者がどういう現実に沿って契約をしているかを考えて欲しいと思います。

最近では大家さんと入居者さんが契約するため、大家さんが自身でホームページを作ったり、大家さんと入居者さんを結びつけるポータルサイトも出ています。

まだ少数派ですし、そこから成約に至るには、まだまだ難しい状況です。

私の見解になりますが、入居者が理屈で賃貸物件を決めることは少ないと思っています。

なぜならば、部屋探しは、日常ではなく、非日常＝エンターテイメントという位置づけにある入居希望者が大半だからです。

入居者は部屋を探しているように見えて、実際に探しているのは、信頼できる営業マンです。

何社かまわって部屋探しをするうちに理屈ではなく相性や感性の合う営業マンに出会います。

そして、インターネット検索時に、「いいな」と思った部屋があっても、信頼のおける営業マンの薦めがあれば、そちらに従うものです。

繰り返しになりますけれども、賃貸物件を契約するという内見者さんは、理屈で住みたい物件を決めていくというよりも、エンターテイメントとして決めているので比較的、曖昧な基準で決めているケースが多いです。

そういう人はどちらかというと、感性で物件を成約するということになりますから、自分が気に入った営業マンが推薦する物件が選択肢として、大きなポイントになります。

それだけ営業マンの存在そのものが、空室を埋めるという意味では欠かせない要素なのです。

即ち「真の内見」とは、内見者さんがあなたの物件に直接問合せをして案内をすること。そして営業マンがあなたの物件を決めるつもりで案内をすること。この2つとなります。

### ◆真の内見までの道筋　－入居希望者の動き－

インターネット検索
↓
不動産業者に問合せ・来店
↓
営業マンが物件を提示

↓
気に入った物件を内見
↓
部屋を決めて契約

一方、理屈で決める入居者も一定数存在します。

「理屈」というのは、条件に縛られている人のことです。例えば、社宅として部屋を借りる人です。

法人契約の場合は、家賃支払いが法人になりますから、先に条件ありきになります。選択肢が限定されていますから、住まいの場でありながら仕事の一環としての部屋探しになります。

一般の入居者さんは、自分が問合せした物件を「否定して欲しい」という潜在意識があります。

あの営業マンから言われたからこの物件を選んだ、というストーリーに仲介手数料を払っている部分もあるのです。

# 入居者の現実に沿った入居者契約の公式

多くの内見者さんは理屈だけではなくて、感性で賃貸営業マンを選んで真の内見を行って、住まい探しをします。

次の段階として、入居者自身が実際の契約するまでの公式は次になります。

**入居者契約の公式　＝　緊急性　×　希望条件の7割**
**×　営業マンの論理を超えたパッション（情熱）**

・緊　急　性

引っ越さなければいけない強い動機づけがないと引越しはしません。

・希望条件の7割

なぜ7割かというと、実需（マイホーム）としての売買契約において、7割の希望条件を満たしたものを購入すると言われています。

それに対して賃貸住宅の場合は、期待値が若干落ちる分、6割くらいといわれていました。

今は物件が飽和しているので、かなり入居の条件を満たしたものでないと契約をしない傾向があり、実需と同様に7割としています。

・営業マンの論理を超えたパッション

入居希望者にとって、信頼のおける営業マンから紹介された物件は、物件スペック以上のパワーをもって入居につなげます。

この3つの掛け合わさった結果、入居者は物件を決めるのです。

# 賃貸営業マンの現実に沿った契約の王道
# 当て・中・決め

賃貸営業マンの現実に沿った契約の王道を説明します。例えば3物件を案内するにあたっては、映画のストーリーみたいな形で案内をしていきます。

今からお話しをするのは、かなり極端な例ですけれども、参考にしてください。

例えば5万円の物件をお客さんが探している場合です。

同じ5万円の中でも、まずはグレードが低い物件を最初に案内します。これを「当て物件」と言います。当然、その部屋をお客さんは選択をしません。

内見者さんは「5万円だとこんなもんか」と、がっかりしますが、営業マンは計画通りです。次に、最初に見せた物件より、ややグレードが高いですけれど、決めようというパッションにまでならない物件を案内に行きます。

これが「中物件」です。「まあまあだけど、やはり5万円代なら、これくらいなのかな……」という形になります。

そして最後に、最初に見せた物件よりも、2番目よりも、遥かにグレードが高く、明ら

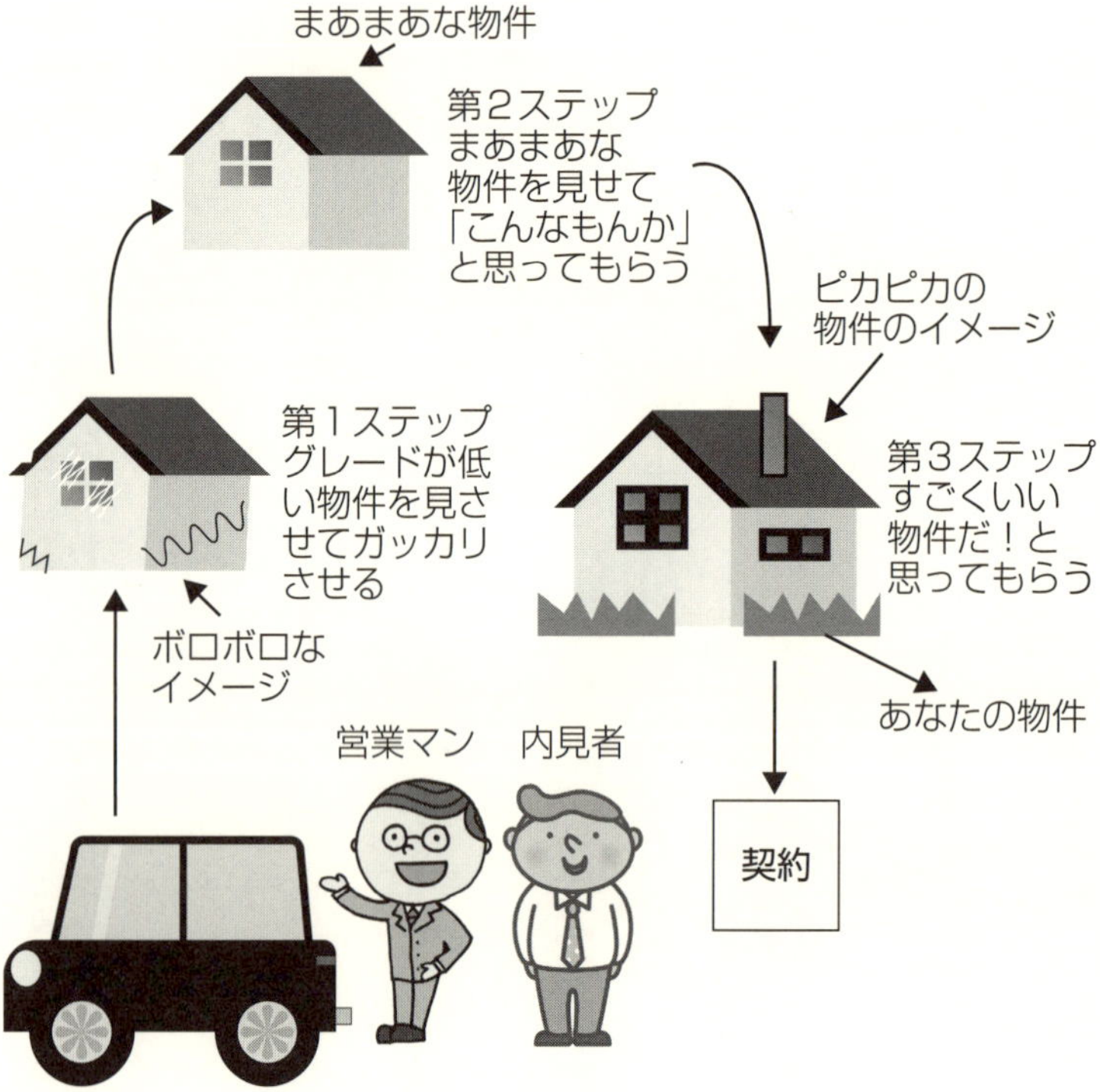
まあまあな物件
第2ステップ
まあまあな
物件を見せて
「こんなもんか」
と思ってもらう
ピカピカの
物件のイメージ
第1ステップ
グレードが低
い物件を見さ
せてガッカリ
させる
第3ステップ
すごくいい
物件だ！と
思ってもらう
ボロボロな
イメージ
あなたの物件
営業マン
内見者
契約

かに差別化された物件を案内します。

これを「決め物件」と言います。これを見た内見者さんは「同じ5万円なのに。すごく良い物件だ！」と感じます。

当て・中・決め物件というものを順番に見せて、お客さんの感情を盛り立てて、それで物件を契約していきます。

つまり、「決め物件」は選ばれているのではなくて、賃貸営業マンによって作られるものです。

ここ昨今の不動産管理会社さん、例えばアパマンショップさんなどは、いかにお客さんの基準で決めていき、そこに営業マンの先入観が入らないような物件選択をするための「AOS」というシステムを作っていますが、それはまだ少数派です。

あなたの物件が「決め物件」になれば、営業マンはこのような形でアレンジをしてくれますので、あなたの物件が決まる確立が高まります。

そのためには営業マンに自分の物件を「えこひいき」してもらえるように、より働きをかける必要が出てくるかと思われます。

そのような形で物件を選ぶわけですけれども、空室対策のハード・ソフト・マーケティングの中で、さらに細かい枝に分かれます。それを私は満室トリガーと呼んでいます。

満室トリガーとは「引き金」のことです。入居希望者が、あなたの物件のことが頭から離れず申込みをしてしまう、そういう状態になる要素をいいます。

具体的には、「不動産仲介業者の賃貸営業マンが、入居希望者さんに思わず紹介したくなる要素」です。

詳しくは満室スターチャート（P32）でご確認ください。

# 第3章

# はじめての賃貸借契約

## 入居審査の重要性

第1章で不動産の購入後対策、第2章で空室対策の基本的な部分もお伝えしました。結果として、入居希望者から入居申込みをもらったとします。喜ばしいことですが、ここでちょっと立ち止まってください。

多くの不動産投資家さんが「とにかく入れて満室にしよう！」と焦る傾向にあります。気持ちは分かりますが、焦りを前面に出さず、極めて慎重に対応することが大切です。このようなとき、仲介業者に悪意はないにせよ、入居者を吟味せず無理矢理に入居を決めるということがあるからです。

その結果、契約が終わっても、その後、家賃滞納を引き起こしたり、騒音やゴミ捨ての問題で周囲に迷惑をかける……そういった不良入居者である確率が高いと思われます。

この章でお話をしたいのは、はじめての賃貸借契約における入居審査の重要性です。

申込みをもらった時点では、基本的にお願いしている管理会社さんの基準にお任せします。

しかし、完全に丸投げするのではなくて、必ずご自身でも入居審査をされるということです。

これらのノウハウは賃貸経営をする以上、押さえておいてもらいたいポイントです。

# 賃貸経営は入口対策が重要

よく「不動産投資は出口対策が重要である」と言われますが、私は賃貸経営において**「入口対策」**こそが重要だと考えます。

入居審査をしっかり行って、滞納事故など、不良入居者の入居を未然に防ぐことが大切です。

入口対策をしっかりしないと、前記したように家賃滞納トラブルや騒音トラブル等、入居後のリスクを負う場合があります。

とはいえ人口が減って内見者数も減っている中、審査のハードルが高いままでは「新築のアパートマンションですら決まらない」という現状があります。

そういう意味では、審査のハードルを下げて、入居を募らなければならないこともあるでしょう。

その場合、限りなくリスクを細分化して、入居させる必要があります。

例えば定期借家契約を有効に使うなどです。その上で、入居審査を管理会社依存型ではなくて、大家さん自らが5〜10分かけてチェックをするということは、今後ますます重要になっていくと考えます。

# 入居審査の心構え

入居審査をするにあたって、まず「何でもいいから空室が埋まって欲しい！」と結論を急がないでください。

次に「何とかなるさ！」という性善説をやめましょう。性善説とは「人間の本性は善である」という考え方です。

賃貸経営を行う上で、ポジティブシンキングはとても大切ですが、入居審査にあたっては性善説……つまり「この人はいい人だろう」と安易に判断してはいけません。

入居者が払える賃料を「与信」するのは辞めて、「申込書の記載内容は正しいだろうか？」という、性悪説に立つ必要があります。

性悪説は、性善説の真逆の考え方で、「人間の本性は悪である」という前提に立つことです。

# 「物件止め」をいつするか

仲介業者もしくは管理会社に伝える「物件止めをするルール」をしっかりと確立します。**物件止めとは、「入居申込みがあったので、募集を止めてください」と、各社に伝えることです。**一般的には内覧した入居希望者から入居申込みがあったときに、行うとされています。

まずは、この物件止めをいつのタイミングでするのかについて、お話しをしたいと思います。

## 1 不動産業者からの電話だけ、口頭レベルの入居申込みは受け付けない

一般媒介で仲介業者から直接に申込みをもらうにしても、管理会社を通して申込みをもらうにしても、「物件を止めるのは、管理会社でなくて大家さんである」ということをしっかりと話しをします。

では、物件止めをいつするのか？

ここで大事なことは、不動産業者から電話だけの口頭レベルの入居申込みは、受け付けることはしないでください。

よくあるのが、電話がかかってきて「だいたいこういった勤務先で、勤続年数がこれくらいで、年収がこれくらいです。保証会社も通りそうなんで進めていいですか？」という説明を口頭で受けます。

入居を焦っていると電話、携帯電話等の口頭レベルの確認だけで入居を受け入れてしまうということがありますが、ここはいろいろなリスクがありますので、必ず何らかの形で書面をもらうべきです。

## 2 必ず訪問・FAX・メールPDF添付による入居申込みを受ける

あくまでも書面ベースの確認をもって「物件止め」します。

具体的には自宅へファックスで送ってもらう、自宅へメールにPDFファイルを添付して送ってもらう、もしくは郵送してもらう、もしくは近くに住んでいれば届けてもらうなど、いろいろな形で紙媒体を受け取りましょう。

その上で、自分で申込書のチェックを行って、はじめて物件止めをします。

書面審査で何がわかるかというと、まず文字です。

文字は人を表すとよく言いますが（私も人のことは言えませんけれども）、それと同時に、その文字を読むことで物件に対する申込みの本気度、さらには入居者の性格というものが見てとれます。

属性、性格の判断材料となり、入居後のトラブルリスクの判断材料になるということです。

極端な例ですが、入居申込書の字が丁寧な人、字が乱雑な人、あなたはどちらの本気度が高いと思いますか？

しっかりと住所を書く人、さらには住所が2～3回も書くところがあれば汚い字で「同上」と書く人、どちらの本気度が高いと思いますか？

また、例えばすべての欄をきっちり空白なく書いている人、空白欄がやたらに多い人。これはどちらの本気度が高いと思いますか？　どんな性格だと思いますか？

字が丁寧な人は本気で物件を決める可能性が高いですし、しっかりした方なんだなと思います。字が乱雑で空白だらけの人は、性格が大雑把だといえます。

入居者の属性がいかに良くても、性格は人それぞれなので、入居希望者自らが書いた入居申込書を、大家さんが自分の目でしっかり確認することが大切です。

## トラブルを未然に防ぐ入居申込書の見方

中にはきちんとしていても、度が過ぎてしまっているようケースもあります。例えば字が丁寧すぎる、例えば都道府県も省略なしに書いて、さらに、ふりがなもきっちり埋めるような人。

こういう人が1KのRC（鉄筋コンクリート造）マンションに住んだ場合を想定します。神経質すぎる入居者で入居した後に、「道路の音がうるさい、隣の音がする」といったクレーマーとなる可能性もあります。

そのため入居説明のときに「この物件は鉄筋コンクリート造りですが、投資用に建てられた物件ですから、壁1枚で隔たれたお隣から音がする、外の音が入ってくるとか可能性があります」と、「騒音が発生しますよ」ということを、契約時に伝えるべきか検討します。

逆にすごく大雑把な字体で空白も多いという人は、当然に入居後の家賃支払い、ゴミ出しルールなどが大雑把になる可能性を秘めています。ですから、その点をしっかりと伝えなければなりません。

その人の中では滞納になっていないレベルであっても、管理会社目線、大家さん目線で考えた上での滞納を引き起こしたり、ゴミトラブルを起こす可能性があります。

入居説明では、そういうところも重点をおいて伝える必要があります。

このような形で入居申込書から、どういう入居者さんの性格なのかを読み取ることが必要だと思います。

次にポイントとなるのは、「その物件を選んだ理由」です。さらに次に「引越し理由は何か？」も大切なポイントです。

今さら、なぜ引越し理由を再確認するのでしょうか？

これは管理会社が入居審査する上で、さらには賃貸営業マンが客付をする上で、一番最初に聞いてはいながら、よく把握されていないまま部屋探しをしており審査を通しているケースがあります。

というのは本来、引越しの理由がなくても部屋選びができますし、入居審査ができるからです。

大家さんとしては「引越し理由は何か？」を把握します。

例えば、滞納保証会社や入居申込書の中に、更新が引越し理由だった場合、更新に〇がしてあったとしても、**「なぜ更新をするにあたって、引越しをするのか？」という理由をしっかりと聞きます。**そうしないとトラブルに遭う場合があります。

近い住所から近い住所へ引越す場合、これは入居者さんが不良入居者であって、それが理由で引越さなければいけない、そういう理由があるかもしれないということです。

このように、入居後のトラブルを予見するためにも、引越し理由の確認をすることは必要です。

・今、どこに住んでいるのか？
・なぜ引越しをするのか？
・勤務先はどこなのか？

本人確認、在籍確認、就業確認を管理会社の基準に則って確認します。自営業派であれば、ご自身が決めた書類を仲介業者に頼みます。以下にまとめましたので参考にしてください。

審査にはアウトソーシング派、プレーヤー派ともに、以下のような基準をもって接することが望ましいですが、現地の管理会社にも基準がおありでしょうから、その基準にあわせて問題なければ、その基準にのっとって審査してもいいでしょう。

| **身分の確認** | |
|---|---|
| 1. 写真付証明書 | ↓免許証・パスポート、住民基本台帳カード |
| 2. 本籍確認 | ↓省略のない住民票 |
| **勤務先の確認** | |
| 1. インターネットで勤務先の会社概要を取得して確認する。 | |
| 2. どのような勤務内容なのか。 | |
| 3. 年収はいくらなのか。 | |
| 4. 会社員なのか、契約社員なのか、アルバイトなのか。 | |
| 5. 勤続年は何年なのか。 | |

| | |
|---|---|
| 6. どのような勤務形態なのか。 | |
| 7. 通勤経路はどのようになるのか。 | |
| **勤務先の裏取り** | |
| 1. 年収確認 | ↓源泉徴収票・給与明細3ヶ月分・納税証明書など |
| 2. 在職確認 | ↓電話確認・社会保険証・在職証明書 |
| **家賃支払能力の裏取り** | |
| 1. 年収は年間家賃の4倍以上あるか | |
| 2. 滞納保証会社による審査 | |
| 3. 連帯保証人審査 | |
| **連帯保証人の審査** | |
| 1. 申込者と同じ債務を負う連帯保証人の審査は重要 | |
| 2. 肉親になってもらうのが原則 | |
| 3. 肉親がいながら肉親を連帯保証人にできない申込者は危険 | ↓ 入居後にトラブルを起こす可能性 |
| 4. 滞納保証会社との併用も考える | |

| 連帯保証人の裏取り |
| --- |
| 1．契約書原本への署名・捺印 |
| 2．印鑑証明書 |
| 3．収入証明書 |

本人の勤務先住所から物件までの間にストーリー性が見えるのか。新宿に勤める人が逗子に住んだ場合、遠いので不便ですが、趣味がサーフィンで彼女の家が逗子にある。極端な勤務先から物件までどういう経緯で通っているのか、そこにストーリー性が見えれば、その申込みは真実であると思います。

## 3 滞納保証会社と連帯保証人について

滞納保証会社と連帯保証人についてお話しします。

ここ昨今、団塊世代で入居希望者が、すでに退職された方がお父さんであったり、親族を連帯保証人に立てると人間関係のわずらわしいということで、あえてお金を払って滞納保証会社を希望するという人もいます。

その場合の判断についてお話しします。

まず1つめとして、次の第4章でもお話しをしますが、滞納保証会社の中でも、不動産管理会社の滞納回収方法を把握した上で、回収する滞納保証会社もあれば、一方で金融的な家賃回収の方法、いわゆる通販形式で家賃回収をするという、2つの滞納保証会社があります。

しかも家賃を完全に立て替えるケースの場合で、通販形式の場合、基本は管理会社は滞納回収に関われない契約をしているところが多く、滞納回収自体を滞納保証会社にアウトソーシングするという仕組みです。

### ・通販形式の回収方法

最初に家賃の引き落としができないというときは、コンビニ払い用紙が入居者に送られてきます。

それでもある一定期間、そのまま支払いがないと、次に電話による督促が入ります。

そして、それからまたさらに反応がない場合は、訪問による督促ということで、結果としては「不良入居者を育ててしまっている現状」がでています。

## ・代位弁済方式の回収方法

代位弁済方式という従来の滞納保証会社の請求形式では、家賃が振り込まれているかどうかを管理会社、もしくは大家さんが確認します。

それを滞納保証会社に連絡をした上で、滞納保証会社が回収に動きます。

このように不動産管理会社や大家さんもある程度動いているという中で、回収をしていった方が、しっかりと地に足がついた経営ができるのではないかと思います。

私はその上で、連帯保証人を立てた方がいいと思います。むしろ滞納保証会社と契約をしないで、連帯保証人をつけるという風にしてもいいのではないかと思うほどです。

その理由は、何かトラブルがあった場合の、審査上の与信になるからです。

それはどういうことかというと、その入居希望者さんが親と喧嘩別れをして縁を切って出てきたという場合は、当然、親は連帯保証人にできません。

親がいるにも関わらず、親を連帯保証人に立てられないという入居者は、入居後に不良入居者になる可能性が高いから危険です。

それは生活保護者の審査においても同様のことが言えます。連帯保証人はできるだけなってもらいます。

なってもらえないにしても緊急連絡先として聞いておくのは必要です。

## 通販形式（立替式）ではなくて、代位弁済方式

今の滞納保証会社は、元々は日本賃貸保証（トリオ）があり一番古いです。あと日本セイフティー株式会社も古参の保証会社です。

そこは管理会社と同じような督促をします。つまり振り込まれなかったら御用聞きの電話をする。そうやって回収していくと必然的に、入居者が教育されていくので、その後、トラブルが起きません。

営業マンも督促しないといけないわけです。回収できないと自分たちが嫌だから皆で一生懸命に督促する。そういう文化です。

２００８年に経営破たんで倒産したリプラスにはじまった立替方式は完全に縦割りです。「引き落とされませんでした」となったら別部署に行って、そこがコンビニ払い用紙を送って、そこも回収できなければ、別部署（コールセンター）が入居者へ電話します。それもダメなら別部署の回収係りの人たちが訪問となるので、管理会社がやる回収方式

が1～2ヶ月ずれ込む。その結果として不良入居者を育成してしまいます。

一方、不動産管理会社も大家さんも、家賃が振り込まれるから「いいだろう」と安心してしまう。そこを言いたいのです。

実際は不良入居者が育成されていて、結果として後々にこれが解除につながって、退出になったときに、リフォーム費用が出るのか出ないのか？

出なかったら大家さんが負わなければいけないし、機会損失になってしまうことがある。私としては賃貸経営事業者として、ちゃんと認識を持ってやって欲しいということです。

次章でも話しますが、管理会社ごとに全物件の引き落とされているかどうかのレポートが届きます。

そのレポートの内容を管理会社からシェアしてもらえるのが理想です。でも、その人が1～2ヶ月遅れだったりした場合、大丈夫かどうか注意喚起してもらい、教育してもらいます。

## 仲介業者へのおみやげはインパクト勝負

仲介店舗へおみやげの選び方をご存知ですか。

例えば，かつてあまり業者回りをしたことがないエリアだとすると，そのときは大家さんがインパクトを思ってもらう必要があります。

例えば東京ツリーバーム。

すると「東京ツリーバームを渡した○○さん」というと覚えてもらえます。

次に，何回か足を運んだ業者さん，たびたび連絡をしている業者さんに「客付をして欲しい！」と思ったときの，おみやげのポイントは「細かく触れるものを渡す」ことです。

男だけの仲介店舗の場合はリポビタンDがおすすめです。それはなぜかというと「大家の○○さんからの差し入れです」と，冷蔵庫から出して，ちょこちょこ飲んでいきます。そうすることで，自分と物件を覚えてもらえます。カップラーメンも男やもめの仲介店舗は夜食として喜ばれます。

あと店舗によって女性営業の多い場合もあります。女性が多い店舗ですと，その場合は女性向けのリポビタンDライトや，一口タイプの果実ジュース。健康に優しいですし，その気遣いで覚えてもらいやすいです。

# 第4章

# はじめての家賃管理

# 家賃管理の「仕組み」を知っておこう

申込みをもらった入居希望者に対して、しっかりと基準を持って審査をして賃貸借契約をした後、「入居者さんから毎月家賃をいただいていく」という日常の賃貸経営がスタートします。

第4章では、大家さんとして日常の賃貸経営の要でもある「家賃管理をどのようにやっていくのか」についてお話しをします。

プレーヤー派は自分で管理をします。アウトソーシング派は管理会社に管理を委託しますが、大家さんは「まったく知らない。すべておまかせ」ではなく、家賃管理がどういうものなのかを把握しておきましょう。

例えば滞納者があった場合には、「どういう状況で、どういう形になっているのか？」を理解するという意味でも、本章を参考にしてください。

まず家賃管理の仕組みについて、基本的なところをお話しします。

序章でお話しをした通り、プレーヤー派の大家さんの場合はご自身の銀行口座が振込先で、ご自身で賃貸管理をしている、自分が軸になって動く必要があります。

そしてもう1つ、私が本書でお話しをしている、賃貸経営事業者として自覚を持った上で、管理会社にアウトソーシングをする場合です。自分が軸となるのは同じですが、動くのは管理会社です。

それぞれによって仕組みの作り方が変わってきます。順番に説明したいと思います。

まず、自主管理の地主さんの例をお話しします。よくあるのが「つい忙しくて記帳に行くのが遅れた……」というケースです。

これは私もそうですが、通帳記帳による管理では、記帳に行けずに入金確認が遅れることがあります。

その上で、「家賃を振り込まれていない！」ということに気づいたり、「家賃を振り込みます！」と言ったのに振り込まれていなかったなどが起こります。

入居者に「家賃を払ってくれ！」と催促すれば、「怒るから連絡できない……」と入居者と連絡が取りにくくなります。

あとは地主さん自身が「何かちょっと可哀想になっちゃって」と弱気になって、請求が

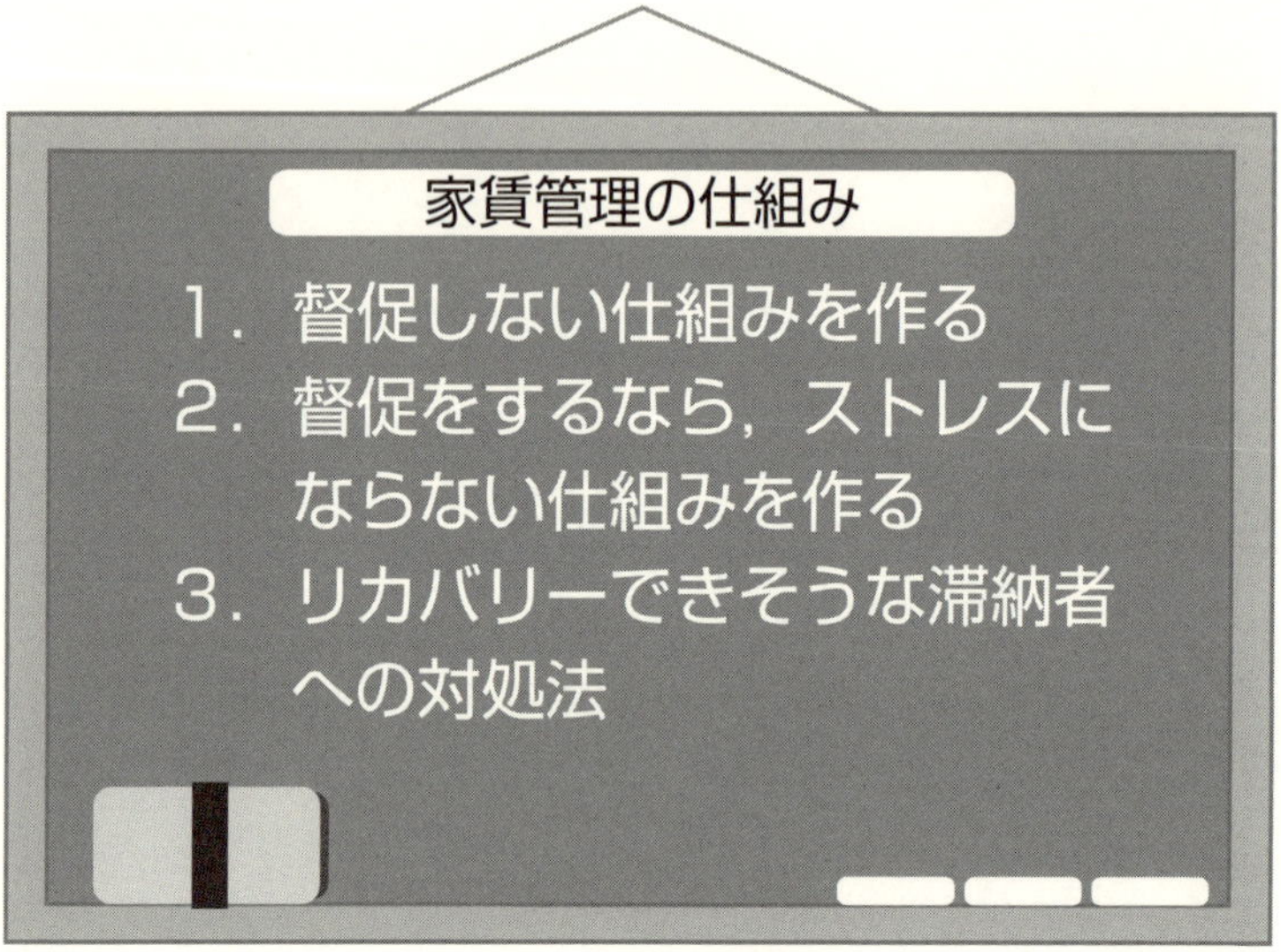
家賃管理の仕組み
1．督促しない仕組みを作る
2．督促をするなら，ストレスにならない仕組みを作る
3．リカバリーできそうな滞納者への対処法

できないなど、地主さんから入居者に「督促がしにくい」という相談を受けます。

　こういったケースで必要なのは、次の3つです。

　プレーヤー派の大家さん（家賃管理を行う場合）は、この3つを把握した上で、「自分がどのようにすればいいのか？」を考える必要があります。

　また、アウトソーシング派の大家さんは、「管理会社がどのような仕組みを持っているのか？」をチェックすることになります。

　仕組みを確認して、足りない部分を提案することは、双方のためになりますので、どんどん提案していきましょう。

# 督促しない仕組みを作る

繰り返しになりますが、あくまでも賃貸経営は「入口が大切だ」ということです。よく不動産投資は、出口戦略が大事だと言われますが、それと同様に賃貸経営は入口戦略が必要です。

今から仕組みの作り方とノウハウについて、具体的に説明します。

まず契約時に、入居者が「家賃を払う」、具体的には「家賃の振込み」という手間をかけさせない仕組みを作ります。

具体的にどのようにすればよいのか、そのための方法をいくつか提案します。

・契約時に自動引落しにしてもらう
・自動引落し対応の保証会社を契約の条件にする

銀行口座からの自動引落しにするか、もしくは自動引落し対応の保証会社の契約を条件にします。その場合、クレジットカードからの引落しになります。

・　入居者のメインバンクから自動送金手続きをお願いする

以上の3つからの選択をしてもらいます。

例えば第3章でお話しをしたような「入居申込書の空白が多い、大雑把そうな入居者」が入居するという場合、契約のときに自動引落しにしてもらったり、銀行印をもってきてもらって自動送金の仕組みをすることで、その後もストレスが違ってきます。

このような自動送金の仕組みを作るのと、「毎月決まった日に振り込んでください！」という風に入居者に振込ませる契約をするのとでは、一手間をかけるだけで、その後のストレスがまったく変わってくることになります。

大切なことは「契約の段階で」そのような仕組みにできないかを考えることだと思います。

【入居者のメインバンクから自動送金手続きをお願いする方法】

1．不動産会社に入居者のメインバンクを事前にヒアリングしてもらいます。
2．不動産会社に入居者のメインバンクの自動振替用紙を契約時までに用意してもらいます。もしくは大家さん自身で用意します。
3．契約時に、入居者のメインバンクの自動振替用紙を入居者に記入し、手続きしてもらいます。それを銀行へ送付すれば、自動送金になります。

そのときに注意点として、自動送金がスタートまでに○ヶ月かかりますので、それまでは、ご自身に家賃振込みを行ってもらう必要がありますが、それも交渉次第では合わせて前家賃としてもらうことができます。

そのような形で、まず自動で家賃を支払う仕組みを作ります。結果、大家さんの「督促をしない」確率が高まります。

# 契約後はじめての家賃滞納時の対応

第3章で「不動産投資は出口対策」「賃貸経営は入口対策」というお話しをしましたが、賃貸管理も、家賃の督促も入口対策であるということです。

まずは「家賃を期日までに振り込むことがどれくらい大切か?」ということを入居者にわかってもらいます。

部屋を借りて住む上で基盤である家賃を「期日通りに支払う」ということは、実は入居者自身にとっても重要なことです。

期日までに振り込んでもらうよう、しっかり理解してもらわなくてはなりません。

そのためには、まずは最初が肝心です。

契約をして期日通り振り込んでいるようであれば、特に連絡は要りません。

注意点としては、契約をした後、「はじめての家賃を滞納した、そのときに『家賃滞納』という言葉をどのように認識するのか?」です。

これは個人差があります。私の場合では、例えば振込期日が「毎月、前の月の25日までに翌月分の家賃を振り込む」という契約をしたならば、26日になった時点から、すでに滞納だという認識です。

最初が肝心というのは、契約後「はじめて家賃滞納した」というのは具体的にいうと、25日の15時を過ぎた時点で、銀行への入金確認がとれなかった場合、すぐに電話連絡をします。

連絡をして入居者さんに「家賃が振り込まれていません」と電話します。

そうすると、その入居者さんが「あっ、わかりました。じゃあ振り込んでおきます」という返事をします。

そこで、一言伝えるべきことは、「いや、そうではなくて、本日ご持参していただけませんか」とお願いすることです。

相手によって言葉を変える必要がありますが、意味合いとしては次のようになります。

**「○○さんに限って、そういうことはないと信用していますが、ルールなので、できれば本日持参いただきたい。明日になると滞納扱いと履歴することになります」**

最初の滞納時には、このように必ず伝えてください。

「その日中に振込みをした」といっても、振込み期日の15時を過ぎた時点で、着金確認が翌日になります。

たった1日とはいえ「それは滞納ですよ！」ということを、その入居者に理解をしてもらい、滞納に対する認識をお互いにすり合わせることが必要になります。

こうして、「家賃の支払いは期日までに行うこと」と教育していきます。

# はじめての家賃滞納後の翌月の対応

続いて、はじめての家賃滞納があったその翌月のお話しをします。

まず初月25日の15時に入金確認ができなかった場合は、たとえ1日であっても「家賃の遅れですよ」としっかり告げました。

これはおそらく入居者からすると「そんなうるさいこと言われてイヤだな」と思われたことでしょう。その上で翌月にどのような対応をするのか？

滞納した当該月に厳しいことを言ったにもかかわらず、翌月も同じことが見られる場合は、入居者の性格によるものだと判断して、注意しなくてはいけません。

そもそも入居審査時の入り口部分では、あくまでも属性しか判断ができません。性格に関しても推測しかできませんし、属性がどんなによくても性格自体は変えられません。

ですから、滞納して注意した翌月は２～３日は放置して、その入居者の性格を確認することになります。

このように入居者ごとに具体的に確認をして、個別的に家賃管理をしていきましょう。

そうすることにより滞納になる確率が減っていくのです。

# ストレスにならない督促の仕組み作り

それでは、次に、家賃滞納発生時における「ストレスにならない督促の仕組み作り」についてお話しします。

滞納をしている期間が浅い日数の連絡の仕方、ある程度日数が経ってからの話し方、さらには期間が経って回収するのが難しいときの話し方、それによってストレスになる、ならないというのが出てきます。

## ❶ 滞納しはじめ

滞納した15時以降に電話をするときは、**口調やニュアンスは事務的、機械的**にした方がいいと思います。感情をなくし、仕事として電話をしている風にパフォーマンスします。なぜならば、やはり入居者のプライドがあるわけです。「うるさいな、わかっているよ」と、ならないように、あくまで仕事として電話をしている形をとった方がいいでしょう。

そういう意味でも**最初の電話かけは、可能な限り入居者に接触のない第三者**が行うことがより望ましいです。

可能であれば、大家さん、管理会社であれば部門責任者は、すぐには連絡をしない方がいいと思います。

直接に関わりのある方が入居者に連絡をすると、お互い「感情が入る」可能性があり、プライドのぶつかり合いになってしまった結果、関係性が悪くなってしまうことがあります。

プレーヤー派であれば奥さんやお子さん、アウトソーシング派であれば新入社員のように、できるだけ入居者に接触のない第三者が電話がけをすることをおすすめします。

家賃滞納者を出さない家賃管理ノウハウの基本の法則は、**「ビジネス」と「人情」のバランス取り**です。

初期時点での滞納の場合は、ビジネスライクに連絡をすることが、入居者のプライドを傷つけず、ソフトに注意喚起をするコツです。結果として、入居者もストレスなく家賃の送金ができます。

## 2 5日〜1週間過ぎた場合

5日〜1週間が過ぎた場合は、初期対応のようなビジネスライクな接し方だけではなくて、**ビジネスライクに人情を加える**ような形で督促をしていきます。

比重としてはビジネスライクだけども、「そろそろ振り込まないといけませんよ。滞納がこれ以上いくと大変でしょうから、早く振り込んでください」というニュアンスです。それから、上司がいる部下が電話するならば、「このままではうちの上司が対応せざるを得なくなるので、私が怒られてしまうから、できるだけ払って欲しい」という風な形で人情も絡めていきます。

## 3 さらに長期に及ぶ滞納

次に、本当に回収をするのに大変な場合です。

**リカバリー可能な場合は、人情を最優先にして、むしろビジネスの度合いをかなり下げて、人対人でぶつかり合う形でバランスをとっていきます。**

例えば「滞納事故になると、今までの生活を継続できず生活を失う可能性がある、それくらい家賃の支払いは生活する上での大前提、大切なものです。だから払う必要がありますよね?」という形で、人対人としてぶつかることが、より好ましいのではないかと思います。

その上で、実際に家賃を回収するにあたって、参考になるノウハウはいわゆる闇金融の貸金回収ノウハウです。

闇金融業者は心理戦で回収をするということに長けたプロたちです。というのも法規によって、昔のように、暴力や脅しといった手段を使うことができません。

漫画の『難波金融伝・ミナミの帝王』(郷力也著　週刊漫画ゴラク日本文芸社刊)や『闇金ウシジマくん』(真鍋昌平著　小学館)を読んだり、『ヤクザの実戦心理術　金融地獄編』(向谷匡史著　KKベストセラーズ)などを参考に学んでください。

私も家賃管理をする際に、こういうものを読んで、主人公になりきってやるようにしています(笑)。

余談ですが『実戦心理術』はヤクザ意外にも政治家バージョンがあり勉強になります。「政治家がどのようにお金を引っ張っているのか?　喜んでお金を出させているのか?」がとくに勉強になります。

漫画ですから、セリフも大げさになっていますが、そのまま真似するのではなくて、マインド……とくに、「絶対に回収する!」という心構えが参考になります。

# 入居者への連絡手段

家賃滞納時において、「督促の連絡を具体的にどうするのか」という話しです。まず一番失敗する連絡方法としては、電話一本調子というのがあります。

いつも決められた時間に1日1回だけ携帯にコールをするというのは、おすすめしません。

その場合は慢性化しますし、電話しか来ないというところで、入居者にも舐められて、回収が上手くできずに悩むはめになってしまいます。

そこで考えるべきは、「どのような連絡方法があるか？」ということです。考え付く限りの連絡方法を以下にまとめました。

| 【回収手段】 | 電話、メール、ＦＡＸ、手紙 |
|---|---|
| 【電　話】 | 契約者の固定電話・携帯電話<br>連帯保証人への固定電話<br>携帯電話<br>勤務先への電話<br>連帯保証人の勤務先への電話 |
| 【メール】 | ＰＣメール・携帯メール<br>携帯番号からのショートメッセージ<br>連帯保証人のＰＣメール<br>連帯保証人の携帯メール<br>連帯保証人の携帯番号からのショートメッセージ |
| 【ＦＡＸ】 | 自宅・連帯保証人の自宅<br>（自営業なら）勤務先など |
| 【手　紙】 | 現地への差し込み・郵便<br>連帯保証人への訪問<br>保証人への現地差し込み・郵便<br>勤務先へ訪問の上手渡し<br>本人への内容証明郵便<br>連帯保証人への内容証明郵便 |

代表的なのは電話ですが、メールであったりFAXであったり。入居者への手紙といったようにいくらでもあります。

そのため入居審査時の申込書に、できる限り連絡手段を審査の時点でもらっておくというのが大切だと思います。

例えば契約時点で入居者の携帯メールアドレスがもらいにくいのであれば、例えば契約時にQRコードを用意して、空メールを送ってもらうことで携帯メールアドレスを入手することもできます。

また携帯番号からショートメッセージを送ることができます。

その意味でも入居者だけでなく、同居者の方がいれば同居者の方の連絡先。連帯保証人がいれば、その方の携帯番号も、固定電話番号だけでなくて押さえておくのも重要だと思います。

いろいろな連絡手段と共に入居審査時に、「入居者がどういう風な生活を送っているのか？」をできる限り把握しましょう。

そのライフスタイルから入居者が比較的、対応しやすい時間帯に連絡をとったり、自己都合で督促するのではなく、入居者の性格や性質に合わせて対応をするように、管理会社へ指示出しをする、もしくはご自身が行動をとることが大切です。

# チームで家賃管理

次はプレーヤー派のパターンとアウトソーシング派のパターンで、それぞれチームで家賃を督促することについてお話しをしたいと思います。

## ❶ プレーヤー派

不動産投資家であるあなた、そしてパートナー（奥さん、もしくはご主人）、その後を継ぐ子供さん（成人、対応ができる年齢）です。

## ❷ アウトソーシング派

管理部の管理部長、ベテラン社員、あとは新入社員というチーム。

## ❸ 複数で対応できない場合

いない場合であっても、感情とビジネスのバランスを使い分けによって、声色やトーンを変えて1人3役をします。

それぞれのパターンについて考えてみます。

**【家賃振込日～月初】**

1. メイン対応者

プレーヤー派であれば子供、アウトソーシング派なら新入社員が事務的に連絡をします。

2. 方　法

電話の1本調子がいいと思います。なぜならば、彼ら入居者のプライドを傷つけずに「家賃が遅れていませんか？」と注意喚起するためにも、事務的機械的にパフォーマンスをする必要があるからです。

3. ポイント

常習者よりも初犯者に注力を入れます。なぜならば、初犯者の場合は、この時点で以後、繰り返さなくなる場合があります。

常習者に対しては個別対応する必要がありますが、初犯者に繰り返させない意味でも注意喚起の連絡をプライドを傷つけない形で、事務的機械的に連絡をします。

イメージとしては家賃の振込み日から月初、3〜5日くらいのイメージをします。その間、毎日電話をしっかりかけ続けることが大切です。

**【月初〜1週目】**

1. メイン対応者

プレーヤー派は奥さん、つまり「大将は出ない」ということです。アウトソーシング派であればベテラン社員です。

2. 方　法

方法は複合的な手段を使って督促していきます。

初犯者、滞納して間もない人の場合に関しては、その対応の仕方が分からないこともあるかと思いますが、常習者に関しては、その常習者に合わせた複合的な手段で督促していきます。

その複合的な常習者に合わせた複合的な手段に関しては、しっかり履歴を残しておきながらやっていきます。

このときのポイントとしては、まだまだビジネスメインで連絡をします。

人情的に「ちょっと困った」というような、**「家賃が振り込まれないので私たちは困る**

し、あなた自身も困っているんじゃないですか?」と事務的機械的でありながらも、少し人情を入れるパフォーマンスに徹することを心がけて対応することが大切だと思います。

なぜならば、この時点でも未だプライドを傷つけることで、逆に家賃の回収が遅くなってしまうからです。

ここで注意点としては、いわゆる常習者、というよりも個別具体的に家賃を滞納しているケースがあります。

具体的にいうと、家賃の支払期日が25日として、その常習者の給料振込みが翌月の5日だったとした場合、当然25日〜5日までは給料がなく家賃が振り込まれないわけですから、その間に督促をするということは、逆にいうとこの常習者とのルール違反になるということです。

「次の5日が給料日だから5日に払うよ」という約束をしている人に関しては、25日〜5日まで特別電話をしないで、5日の15時を過ぎた時点から督促を開始しましょう。

こうすることで常習者のプライドを傷つけずに家賃を安定的に回収できます。

ただし、契約上は25日が支払い期限であることから、それはあくまで「イレギュラーな約束」ということで、この方に関しては、例えばアウトソーシング派であったとしても大家さんがそれを確認して把握しているということが、大切だと思います。

## 【1週目〜10日】

1．メイン対応者

プレーヤー派であればあなた、アウトソーシング派なら管理部長が直接対応します。

2．方　法

こちらが訪問する、もしくは入居者に来店してもらう形で面談をします。

3．ポイント

1週間以上過ぎるということは、悪意が有るにしても無いにしても、家賃が本格的に遅れはじめているということです。

このときはビジネスでなく人情を前面に出して「どのように遅れを改善していくのか?」という話しを、ビジネスに絡めながらも、人として接して、しっかり回収計画を立てていくことが大切かと思われます。

ここでまた失敗をしがちなこととしては、「何が何でも、その月の当月家賃を回収する」という行為です。むしろ、そうしなければいけないと思い込んでいる大家さんも多いですが、それは間違った認識です。

これは何がいけないのかというと、その時点で入居者が「終わってしまう場合がある」ということです。

例えば無理をして消費者金融からお金を借りてしまう。結果、消費者金融にも返せなくなってしまいます。入居者と長く付き合っていく上において、人として接していくにあたり、ケースバイケースですが、分割にした方がいい場合もあります。

このときに入居者には必ず無理のない回収なのか確認します。一回でつぶれないように配慮する必要があります。

一番いいのは本人から直接ではなくて、連帯保証人を経由したり、連帯保証人がお金を貸すなど、「親から借りる」ということであれば、入居者に致命的な痛みはありません。

とにかく入居者を追い込み過ぎないことが肝心です。

全てを回収することにこだわりすぎたあまり、何ヶ月も滞納を引き起こすこともありますから、その辺は「本当に1ヶ月分収めて大丈夫なのかどうか？」を、滞納をしがちな入居者にきちんと確認をしながら対応していくのが大切です。

また1棟目の大家さんでありがちなのが、1週間、10日も家賃が遅れてしまう入居者に対して、「出て行って欲しい！」「むしろ入れたくない！」と考えるパターンです。

優良入居者を求めるのは当然な話しですが、今は不況なので、審査のハードルを上げて入居者を絞った結果、空室である確率を高めてしまう要素になります。

また書類審査上は優良な入居者、たとえ高収入、高属性でも性格の問題で、滞納をする入居者もいます。

審査の時点で、そのような入居者を極力排除したいところではありますが、中古アパート、マンションを購入するにあたっては、そういう入居者が既にいる可能性があります。

結論から申し上げますと、やはりわびさびではないですけれど、今の日本の普通賃貸借契約において、入居者とうまく付き合っていくには、人情的な対応をしなくてはいけません。

そして、1週間から10日滞納する入居者がいるということも理解して欲しいと思います。

地方で積算評価がとれるような、築20年程度の一棟RCマンションを購入する場合、また高利回りの地方木造アパートでいうと、地主家主の努力不足が原因で手放す物件の入居者のうち1割は、ダラダラした滞納者です。

後家賃（家賃の支払い日を越えてから支払う）が常習化して直せないというのは、よく見られるケースです。

なおリカバリーできない場合は、最近では少額訴訟のような簡易的な法的手続きもできますが、それでうまくいかない場合も、プレーヤー派であれば弁護士さん、アウトソーシング派であれば管理会社に相談して弁護士を手配してもらいましょう。

# 第5章

# はじめてのクレーム対応

## クレームは入居者と接点を持つ「きっかけ」

きちんと毎月家賃を期日通り支払ってくださるいい入居者さんばかりで、賃貸経営がとてもうまくいっている……そんなときほど、入居者さんと大家さんとの間に接点がなくなっていきます。

そういった中で、入居者さんからクレームがあがり、それに対応するということは、入居者と接点ができるきっかけになるわけです。

「エアコンが壊れた。いつになったら直るんだ！」

「上の階がうるさすぎる！」

「鍵をなくしてしまった」

など、数々のクレームの中を受けると

「経費がかかる、損をする」

「こんなことでクレームをいうなんて、なんて入居者だ！」

と、ついマイナスイメージを抱きがちですが、クレーム対応に対しては、あえてチャンスと考えましょう。

クレーム対応の際も「入居者と接点を持つ」という気持ちに立って行うことが重要です。その理由は次の項目で説明します。

意識しないで、対応してしまった結果、双方にとって大きなストレスになる場合もあります。

# よいクレーム対応で信頼残高を積み上げる

それではいいクレーム対応についてお話ししたいと思います。私の考えでは、いいクレーム対応は、最大のテナントリテンションになります。

最近、この言葉を耳にする大家さんも多いと思います。テナントリテンションとは、直訳すれば「借主の維持」で、既存の入居者さんに長く住んでもらうために行う対策を指します。有名なテナントリテンションとしては、「誕生日に入居者に何かプレゼントをあげる」などが思い浮かぶかもしれません。

私の考える一番のテナントリテンションは、「クレーム対応をしっかりとするということ」です。

いいクレーム対応をすれば、入居者は満足度が高まります。**私は物件に関する満足度が高まるということ＝信頼残高が積み重なること**、と考えます。

信頼残高とは銀行預金のように、信頼を積み上げた結果を言います。

少しずつの信頼をコツコツと積み上げた結果、大きな信頼となり入居者に長い間住んでもらえます。

例えば「家賃」でいうと、高い家賃の入居者がなぜ退去するかといえば、入居した当初はその家賃が相場よりも高いということに気づかなかったからです。

ところが生活をしていくうちに、自分の部屋の家賃が相場よりも高いということに気づいて、毎月毎月高い家賃を払って「損をしているな！」という風に思うわけです。

すなわち信頼残高がどんどん減っていくので、例えば更新というタイミングが来たときに、それがきっかけとなって退去されてしまうこともあります。

一方、家賃が安く相場よりも値ごろだった場合は、満足度が高く長く住んでもらえます。

同じような感覚で、設備が壊れて修理してもらった。設備が壊れて新品に交換してもらった…その結果として「よい大家さんだ。住みやすい部屋だ」という認識が芽生えます。

このようにしっかりクレーム対応をするということも、信頼残高の積み重ねにつながります。

そして「入居者が物件に対してファンとなり、長く入居してもらえる」のです。

このことから、クレームに対して「うるさい」「めんどくさい」「うんざりする」といったネガティブな印象を持つのではなく、チャンスのひとつとして捉えていただきたいと思っています。

# クレーム対応の種類

反対に悪いクレーム対応は、信頼残高を激減させることになります。最悪の場合では退去要因になりえます。

そもそもクレームを言う人は、物件に対する期待値が高いことが考えられます。その場合、「なぜクレームを言うのか？」を分析することが、その物件自体を見直すきっかけになります。

つまり、大家としてクレームを聞く姿勢も大事ということです。

さらにはクレーム対応によって、物件自体の評価が変わります。次はクレーム対応の種類についてお話しをします。

## 1 ハードクレーム

ハードクレームは建物・設備・仕様に対するクレームです。

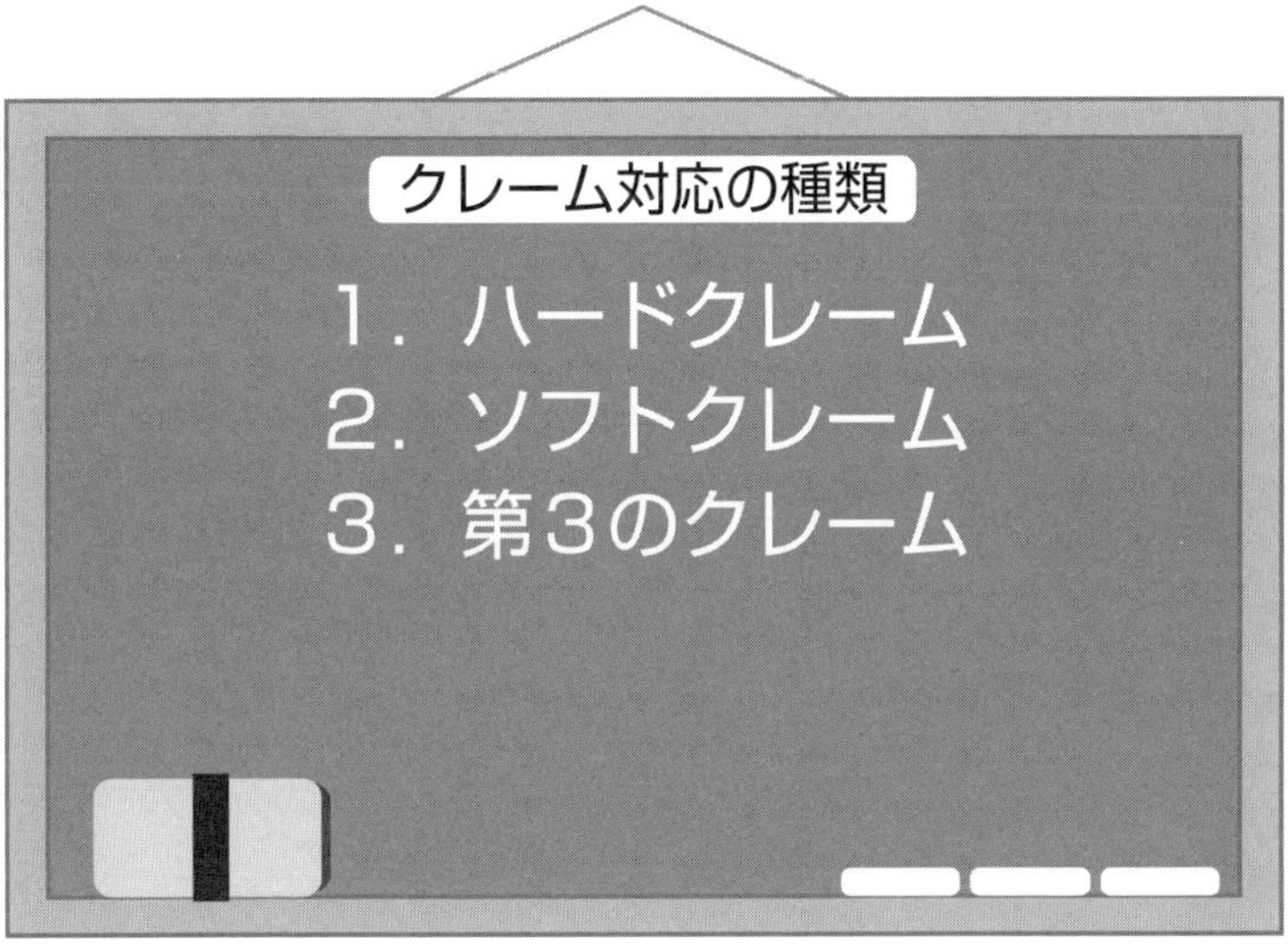
クレーム対応の種類
1．ハードクレーム
2．ソフトクレーム
3．第3のクレーム

## 2 ソフトクレーム

ソフトクレームは人に対するクレームです、代表的な例としてはゴミ出し、騒音のトラブルです。

## 3 第3のクレーム

第3のクレームは、「自分を大切にされていない」存在が傷つけられた時に発生するクレームです。人との接点がなかったときに起こり得る現代的なクレームのひとつと言えます。

ちょっと聞き慣れないかもしれません。これは横浜国立大学の堀之内高久准教授が提唱しているものです。

クレームには、まず「緊急性のある」ク

レームと「緊急性のない」クレームに分けられます。

例えば、私の仕事はインターネットが使えて成立する側面が強いので、インターネットが使えないというのは、非常に緊急性のあるトラブルです。

一方でインターネット接続を月に数回しかない人からすると、インターネットが使えないというトラブルは、緊急性のないクレームに分けられます。

どのクレームに緊急性があって、どのクレームに緊急性がないか？

これはクレームの状態によって決まるのではなくて、発信者の状態によって緊急性が変わるということです。それによって対応を考えていく必要があるのです。

また第３のクレームには、２次クレームと言われる、クレームに対するクレームもあります。詳細はＰ177をご確認ください。

# クレーム対応業務〝攻略〟の全て〜実践編〜

次にクレーム対応の実践ノウハウをお伝えします。

プレーヤー派であれば、もちろん大家さん自身が対応していくことになります。

アウトソーシング派であれば、たとえ大家さんが口を出せるような状況ではなく、管理会社におまかせすることになっても、どのような過程があっての解決なのか、それとも未解決なのか、そのフローを大家さん自身が理解しているだけでも変わってきます。

もし可能であれば管理会社に対して「こういう風にしたらどうでしょう」と解決までのフローを提案することで、よりスムーズに解決することができるでしょう。

このように大家さんが積極的に管理に関わっていくことが、私の提唱する自主管理です。

自主管理の大家さんにとっては実践ノウハウとして、管理委託であれば円満な解決方法を探るために、管理会社さんにどう動いてもらうべきかのアドバイスは３つです。

## 1 履歴を残す

まず、大前提として、どのような場合においても必ず履歴を残すことが大切です。履歴は、きちんとした書類ではなく手書きのメモのような簡易的なものでいいと思います。なぜなら、例えばそのクレームが、さらなる2次クレームを呼んだ場合、「なぜそうなったのか?」ということを振り返って検証することができます。

2次クレーム対応では、最初のクレーム対応について、場合によっては謝罪をする必要も出てきます。その解決策が履歴を残しておくことで見つかりやすくなります。

### ・5W1Hを押さえた履歴

次に履歴の残し方です。

「いつ(When)、どこで(Where)、だれが(Who)、なにを(What)、なぜ(Why)、どのように(How)」という6つの情報伝達のポイントを押さえて、履歴を残しておくことを習慣化しましょう。

何か動きがあったときも、その都度履歴をとってください。クレーム対応では何事においてもメモを残しておくのが必要です。

### ・やりとりも履歴に残す

管理会社と大家さんの報告、クレーム対応についてのやりとりも履歴に残します。

私の場合ではグーグルを駆使しています。他の大家さんに話しを聞くと、チャットワークやフェイスブックで、物件ごとにグループを組んでいるそうです。

クレーム対応の報告をし合って、随時、進捗情報の報告をする中でも履歴を残す必要があります。

クレーム対応の履歴にどういう効果があるのでしょうか。

例えば契約更新時に、「過去にどういったクレームがあったのか？」が検索できます。「物件の履歴」としてだけでなく、その入居者が、「どういうことに対して、どのようなクレームをしたのか？」が、把握できますから、その入居者に対して個別具体的な対応をするときの参考になります。

また、それによって更新を拒絶するなど、考えながら対応することができます。

## 2　入居者に経過報告

クレーム対応ノウハウの2番目に経過報告があります。これは俗にいう進捗状況の報告です。

クレーム対応を外注している不動産管理会社、もしくはプレーヤー派の大家さんで、24時間対応のコールセンターに外注した結果、

・進捗状況の報告を大家さんが受けている場合と、受けていない場合

・さらにその進捗状況の報告が入居者にできている場合と、できていない場合

があります。

それに対するタイムラグが入居者にストレスを与えるということが考えられます。ガスの給湯器が壊れてしまったとき、物理的に今日対応できる場合もあれば、例えばお盆時期やゴールデンウイークなど、長期休暇の場合は休み明けなど、期間が空いてしまう場合もあります。

入居者にストレスのない生活を送ってもらうためには、進捗状況の報告が必要です。結果が出ていなくても、随時進捗状況の報告をすることで入居者への信頼が勝ち取れます。

また、入居者が不在のときに、たとえ入室許可をもらっていても、現場から「これから室内に入室します」「修理が終わりました」と現場の完了報告の有無でも入居者の満足度

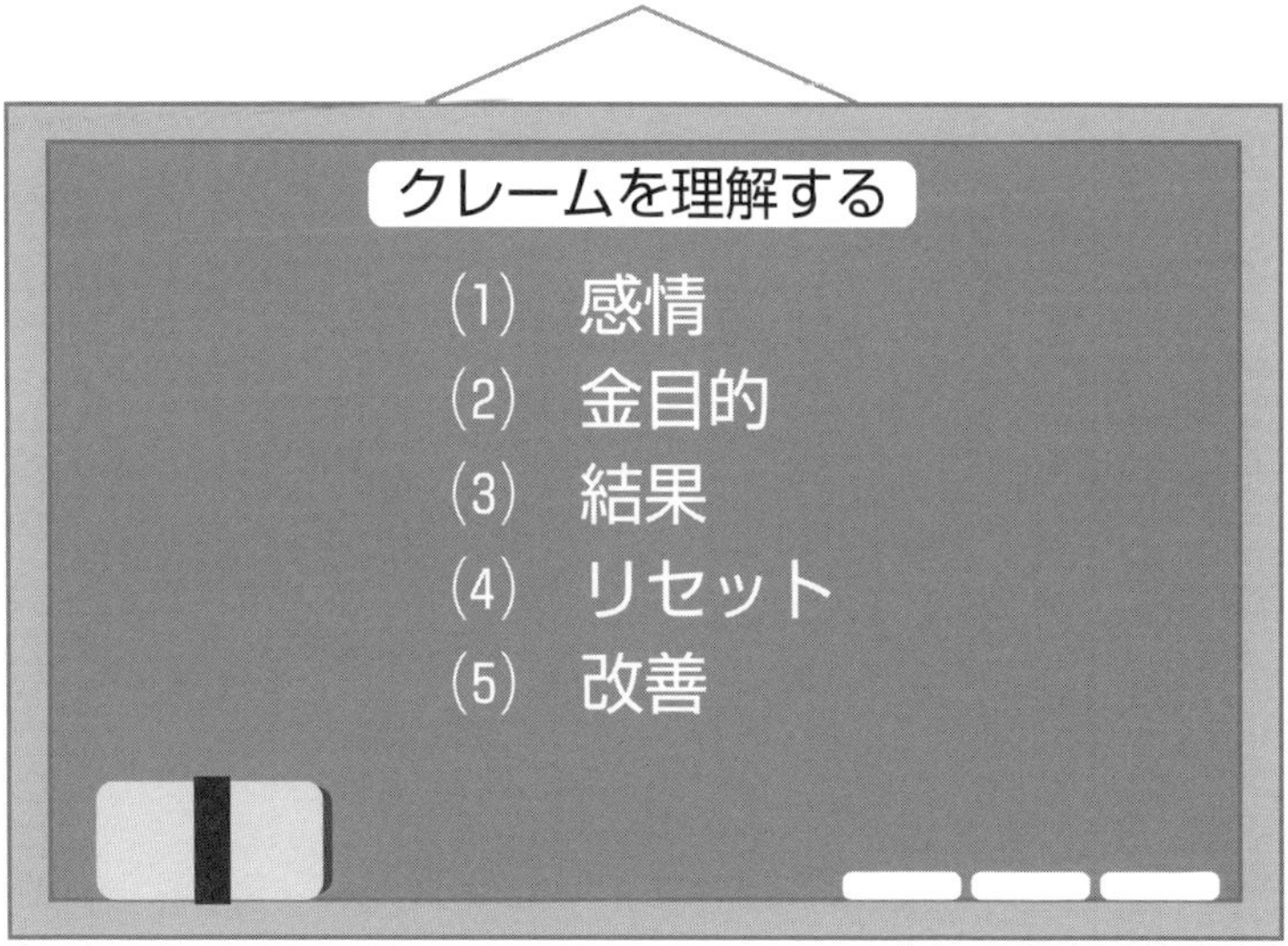
クレームを理解する
(1) 感情
(2) 金目的
(3) 結果
(4) リセット
(5) 改善

が変わってきます。

ですから履歴を残すということと同様に、経過報告を随時入居者にすることも非常に大切です。

## 3 クレームを理解する

「クレームを出す」ということは、発信者にもパワーがいります。

クレーム問題の大半が、次の5種類に分類されます。ここでは5つのクレームについて理解しましょう。

### (1) 感　情

クレームの大半は、とにかく怒っている（＝感情的）になっているというケースです。理屈は関係なく、ただ悪意を持っています。

### (2) 金目的

お金が目的という場合は、要するにこちらに対して、結果として「お金で解決して欲しい」という目的がある場合です。こちらも悪意的です。

### (3) 結果

「こうなって欲しい」という結果を求めています。結果はハードクレームであれば、「エアコンが新品になって欲しい」、騒音であれば、「音がなくなって欲しい」ということです。

### (4) リセット

次に、リセットはエアコンが壊れたから修理して欲しいというような、多くは「現状に戻して欲しい」というクレームです。結果と似ていますが、ちょっと違います。

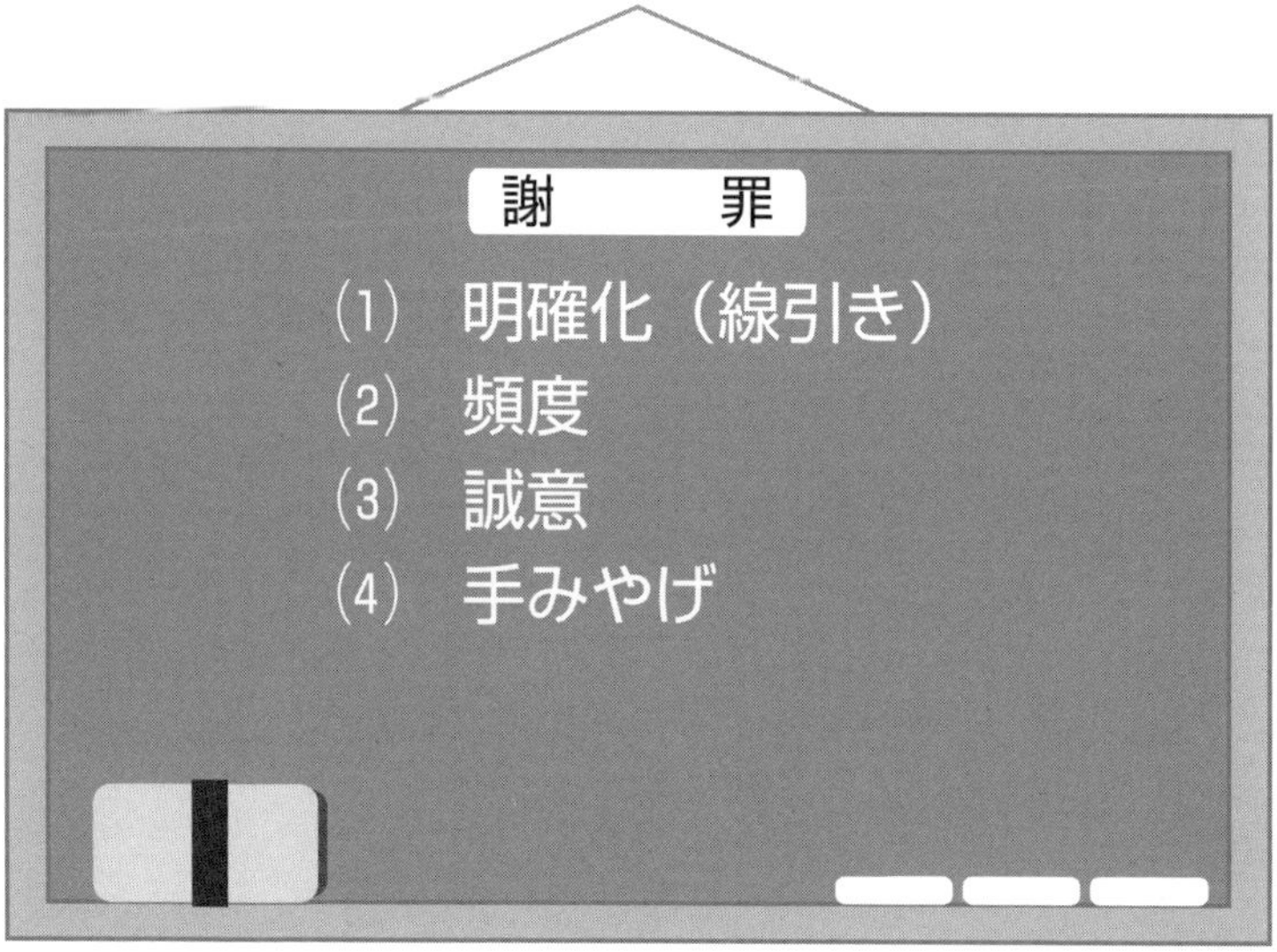
謝　罪
(1)　明確化（線引き）
(2)　頻度
(3)　誠意
(4)　手みやげ

### (5)　改　善

改善して欲しいという感情は、今以上に良くなった状態を求めているという期待でもあります。

(2)(3)(4)はお金。(5)は現状よりも住みやすい状態を目指しています。

## 4　謝　罪

クレームの意味を把握した上で、いよいよ謝罪です。1次クレームでも2次クレームでも「実際に謝罪をする」という場面が出ます。

私が前職の不動産管理会社時代、一番学んだものは何かというと、それは謝罪の方法です。

不動産管理会社時代はよく謝罪に行ったものです。謝罪にはやり方が何通りもあります。注意点としては、次のポイントを押さえましょう。

### (1) 明確化（線引き）

「どこまでを、どう謝罪するか?」という線引きです。何から何まで全て謝罪をしたということで、逆に入居者に勘違いされ、舐められ、さらに違う対応を求められるケースがあります。

本来なら謝るべき部分でないところまで、謝ってしまうことは絶対に避けなければいけません。

謝罪をするときにおいては、「どこからどの部分に関して、きちんと何について謝罪をするか?」という明確化（線引き）が必要です。

### (2) 頻　度

やはり1回の謝罪だけでなくて、こまめに「この部分については本当にご迷惑をお掛けしました」と、頻度を重ねて謝罪を行います。これにより信頼残高を上げていきます。

## (3) 誠　意

誠意を持った謝罪をするということが大切です。また、ケースバイケースですが、明らかに、物件に問題があって入居者に迷惑をかけた場合には、手みやげを持参した上で誠意をもって謝罪します。

## (4) 手みやげ

手みやげを持って謝罪に行くケースでは、どのような手みやげを選択すればいいのか悩まれる大家さんもいます。

私は重いものを手みやげに選ぶことをおすすめします。やはり重さが誠意を表すというところもあります。

お煎餅を渡すよりは羊かんを渡す。軽い海苔を渡すのではなく、重い缶ジュースを渡す、そういう風な形で、重さをもって手みやげを選択するのがおすすめです。

またクレームを言ってきた人の具体的な生活習慣や年齢、性別などを考えて、「この人にはこの品がいいかな」と、選んでいくことも大切です。

ビール好きなら、ビール。これもビール券でなく、ビールを持っていきます。これも軽いものより重いものです。

私の経験値からいうと、例えばご高齢のファミリーの場合、小分けにされていない羊かんがいいと思います。

羊かんを切りながら奥さんが

「これ不動産屋さんから謝罪でもらったのよ」

「そうか、謝ってきたのか。じゃあ許してやるか」

このやりとりはあくまで想像ですが、羊かんを家族で食べて謝罪が受けとめられるわけです。

# クレーム種別による解決とは？

クレーム処理済み
1．完全解決
2．解決
3．未解決
4．2次クレーム

クレーム対応業務において、「クレーム処理済み」とは具体的にどのようなことを指すのでしょうか。混同されている方も多いのですが、この分はきっちり整理して把握しておくことが重要です。

クレーム処理済みには、次の4つがあります。

## 1 完全解決

クレームの種類でいうと、ハードクレーム以外に完全解決はありえません。

「網戸が破れて虫が入ってくる→網戸を

張り替えて、虫が入らなくなった」

これが完全解決のケースです。

ソフトクレームにおける完全解決というのは、「騒音の主が退去した」など、理由そのものがなくなった場合です。

ソフトクレームは、このように根本的な原因がなくならない限り、なくなりません。

## 2 解　決

ハードクレームの場合は、クレームになったその物、例えばエアコン故障であれば、エアコンの修理が終わっていることを指します。

しかし、ある程度年数の経ったエアコンはまた故障するかもしれません。

ソフトクレームについては、一通り騒音についてはお互いに謝罪が済んで解決をした場合です。

ゴミのクレームに関しても原因が判明して解決した場合があります。これも状況においてはまた発生するかもしれず、完全解決とは言い切れません。

## 3 未解決

原因がわからないけれど、その騒動については落ち着いたという場合があります。これはハードでも原因はわからないけれど症状が治った。ソフトの場合も原因がわからないけれど、ゴミ問題については一通り、そのクレーム発信者の感情が収まったという状況で、いつ再発するかもわからないことがあります。

## 4 2次クレーム

2次クレームは、第3のクレームのひとつです。自分を大切にされていないと感じたときに発生します。ソフトクレーム、ハードクレームに対して、きちんと「対応されていない」と入居者が感じた場合、クレーム対応に対する不満からクレームを呼び起こしてしまいます。

また、緊急性というのは人によって違います。先ほどの私の、インターネットに対する緊急性の度合いも同様で、例えばテレビが映らない、地デジが映らないというクレームは、テレビを全く見ない私は緊急性が低いですが、例えば毎朝の連続テレビ小説を楽しみにしている高齢者や生活保護者からすると、緊急性の高いクレームになります。

「クレームは入居者の立場で対応を変えていかなければいけない」ということを改めて、お伝えしておきます。

# ハードクレームの対応法

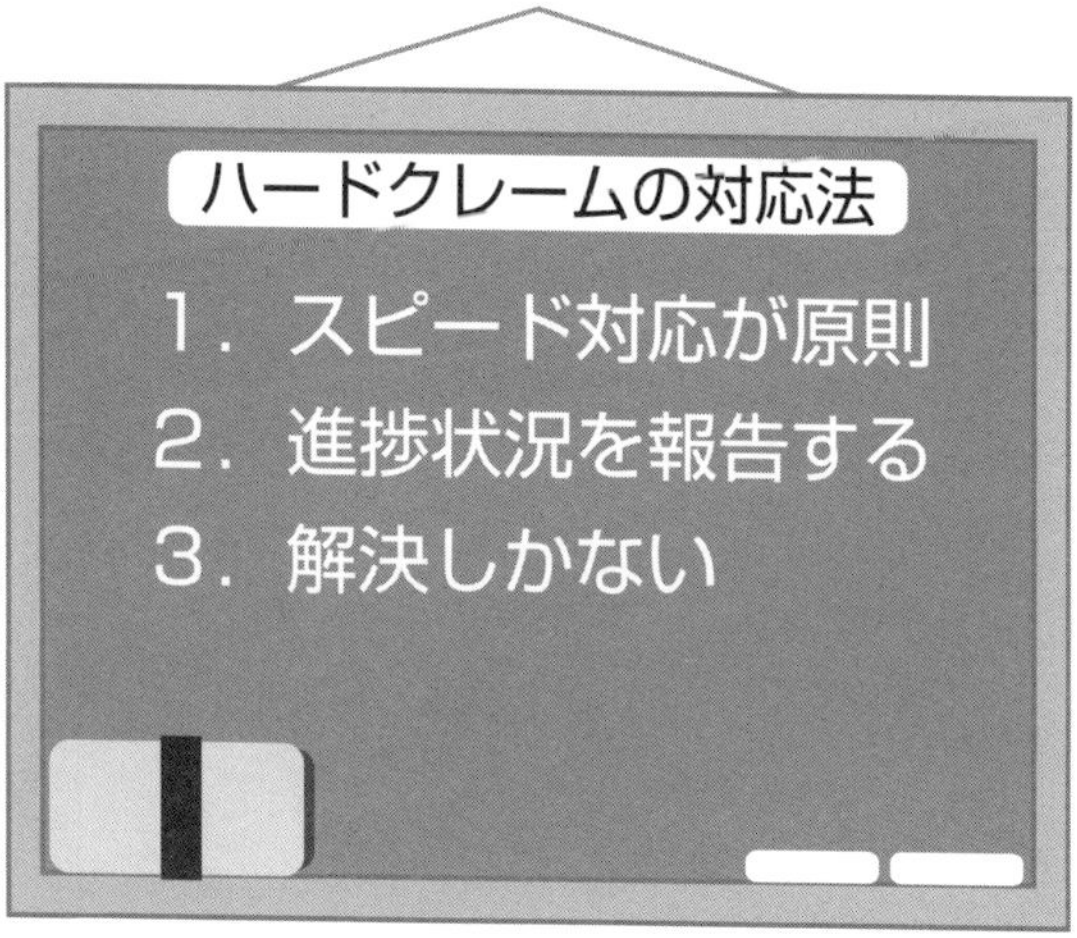
ハードクレームの対応法
1．スピード対応が原則
2．進捗状況を報告する
3．解決しかない

次はハードクレームに対応していく方法です。
次の順番で応じていきます。

## 1 スピード対応が原則

一番目にスピードが大切です。とにかく物的クレームというのは、その症状が「動かない」もしくは「壊れている」ということですから、スピードを持って対応をする必要があります。

そしてスピードを持って結果を出した場合、その結果も報告しましょう。とにかくハードクレームの場合、スピードが重要になります。

## 2 進捗状況を報告する

例えばエアコンが壊れた場合、厳夏厳冬においてはエアコンを使いたいニーズが高まります。

そのときに進捗状況の報告が何もないまま何日も放置された場合、それは2次クレーム、さらには大幅な信頼残高が減るという行為に繋がります。

こまめに業者さん、管理会社さんに連絡をとり、進捗状況報告を入居者にしてもらい「今はこういう状況で修理の手配をしていますが、本日はお伺いできませんが、週明けの○○日に修理できます」というように、きめ細かく連絡します。

入居者の信頼残高が減っていく行為を妨げますし、また逆に増える行為となりますので、対応方法としては非常に重要です。

## 3 解決しかない

ハードクレームについては「完全解決」もしくは「解決」しか、ほとんどありません。修繕をする、新しく交換するということで、使えない状態から使える状態になります。

# ソフトクレームの対応法

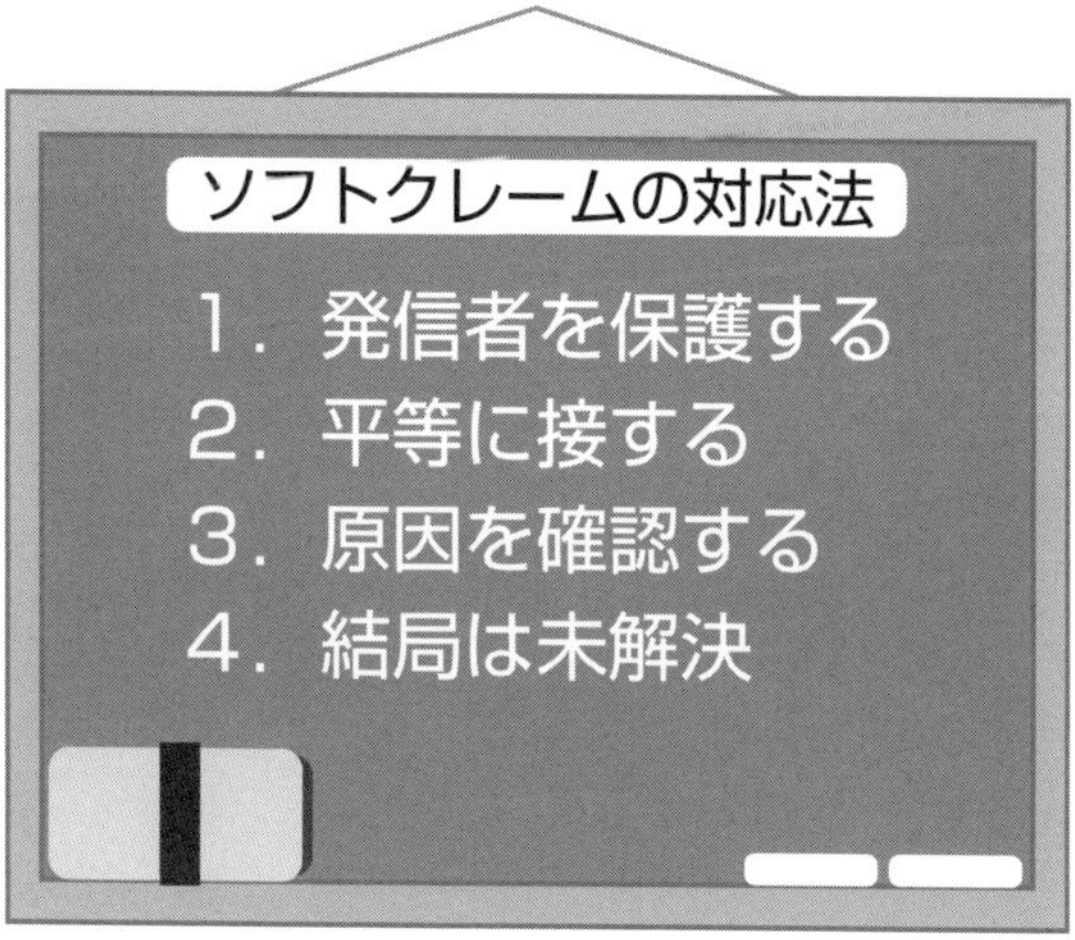
ソフトクレームの対応法
1．発信者を保護する
2．平等に接する
3．原因を確認する
4．結局は未解決

次にソフトクレームの対応方法について考えます。

仮に騒音トラブルがあったとして説明します。

先ほどお話ししたハードクレームの場合は、入居者は物理的に困ったことがあって連絡をしています。

ソフトクレームの場合、非常に強い動機づけをもって行動していることを理解することが大切です。

## 1 発信者を保護する

連絡を受けた時に、発信者を保護する姿勢を明確に打ち出さなければ、その発信者の信頼は勝ち取れません。

例えば騒音に対するクレームがあった場合、匿名の連絡だったら「あなたから発信したことは伏せますので、何号室のどなたかと教えてくれませんか?」と情報を確認します。

さらに「何号室の誰です」と名乗った場合でも、「あなたから発信であることは必ず伏せます。大変、迷惑になっているかと思いますが、誤解があってはいけませんので、〇号室の方に直接連絡することはしないようにお願いします」という風に発信者を保護することが大切です。

## 2 平等に接する

2番目の注意点としては、そのクレームを平等にジャッジすることです。

「発信者の情報どおり、騒音を出している側に原因があるかもしれないし、反対にその騒音を出している側は実は日常の生活音レベルのものしか出していず、発信者側が、神経質な故にクレームを言ってきているかもしれない」

という立場に立って、どちらに原因があるかを平等に判断しながら対応しなければいけません。

ですので、ソフトクレームに関しては、明らかに原因が明確になっている場合以外は、ソフトの症状に対して平等に判断することが必要になります。

## 3 原因を確認する

3番目に、その上で原因を特定して、解決をしていくわけですが、このソフトクレームは騒音トラブルにしても、ゴミトラブルにしても、原因がわかっても完全には解決しないということを、発信者に理解してもらう必要があります。

## 4 結局は未解決

解決したとしても、それは一時的なことになるかもしれないということです。

その原因元である入居者が退去しない限り解決しませんし、退去したとしても、また違う角度から新たな問題が出てくるかもしれません。

そのため「完全な解決にはなりません」と発信者に理解してもらう必要があります。これが、4番目の未解決です。

この4つのステップを踏まえない限り2次クレームになったり、曖昧な解決のまま入居者の満足を勝ち取れない状況になることが考えられますので注意が必要です。

## 第3のクレームの対応法

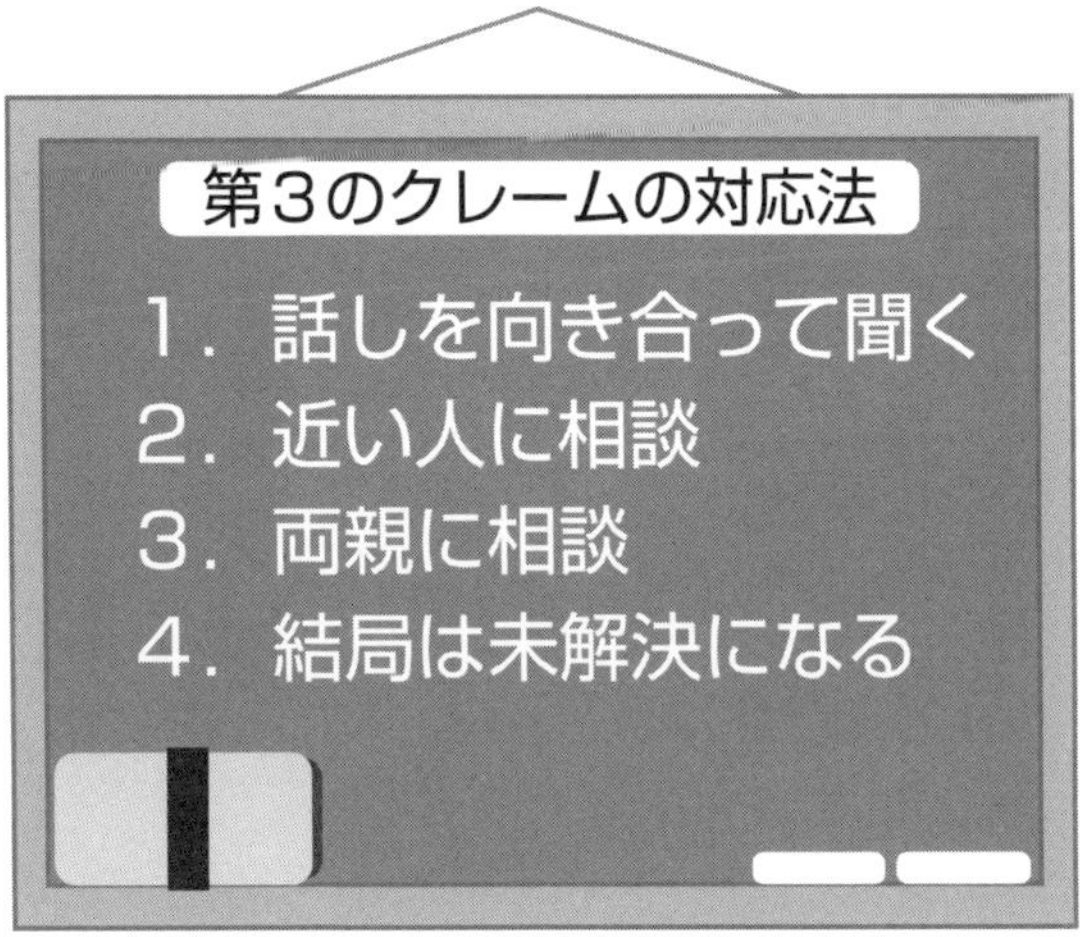
第3のクレームの対応法
1．話しを向き合って聞く
2．近い人に相談
3．両親に相談
4．結局は未解決になる

これまで説明した2次クレームとは全く別になります。続いては第3のクレームの中でも、特別なクレームの対応方法です。

モンスタークレーマーではないですが、思い込みの激しいタイプの人が、自分を大切にされていない、存在を傷つけられたということから病度が進み、精神的な重度の第3のクレームに発展するケースです。

これは具体的に言うと、大家さん、もしくは不動産管理会社のサービスに対して、「自分を客として認識してもらえていないのではないか？」というクレームがくることになります。

第3のクレームに対しては、まず非常に時間がかかるということをよく認識した上で、話しを向き合って聞く必要があります。

## 1 話しを向き合って聞く

話しを向き合って聞く方法についてお話しします。まず大切なのは相手をねぎらうということです。

クレームに対して「こういうことでお困りなんですよね？　大変でしたね。よく我慢してこられましたね」とねぎらいながら、相手とペースを合わせていきます。

これをペーシングといいます。ねぎらいからペーシングという作業になります。

ペーシングをしていきながら、どのような形で何が問題なのかとフォーカスをしていく必要があります

基本的に時間がかかります。そもそも自分のことをお客として認識してもらえないことが原因です。

ペーシングから問題にフォーカスして、また、ねぎらいに戻り、「ねぎらい→ペーシング→焦点化」を繰り返すことにより、徐々に何が問題なのか、具体的にわかってきます。

■ 第3のクレーム対応法

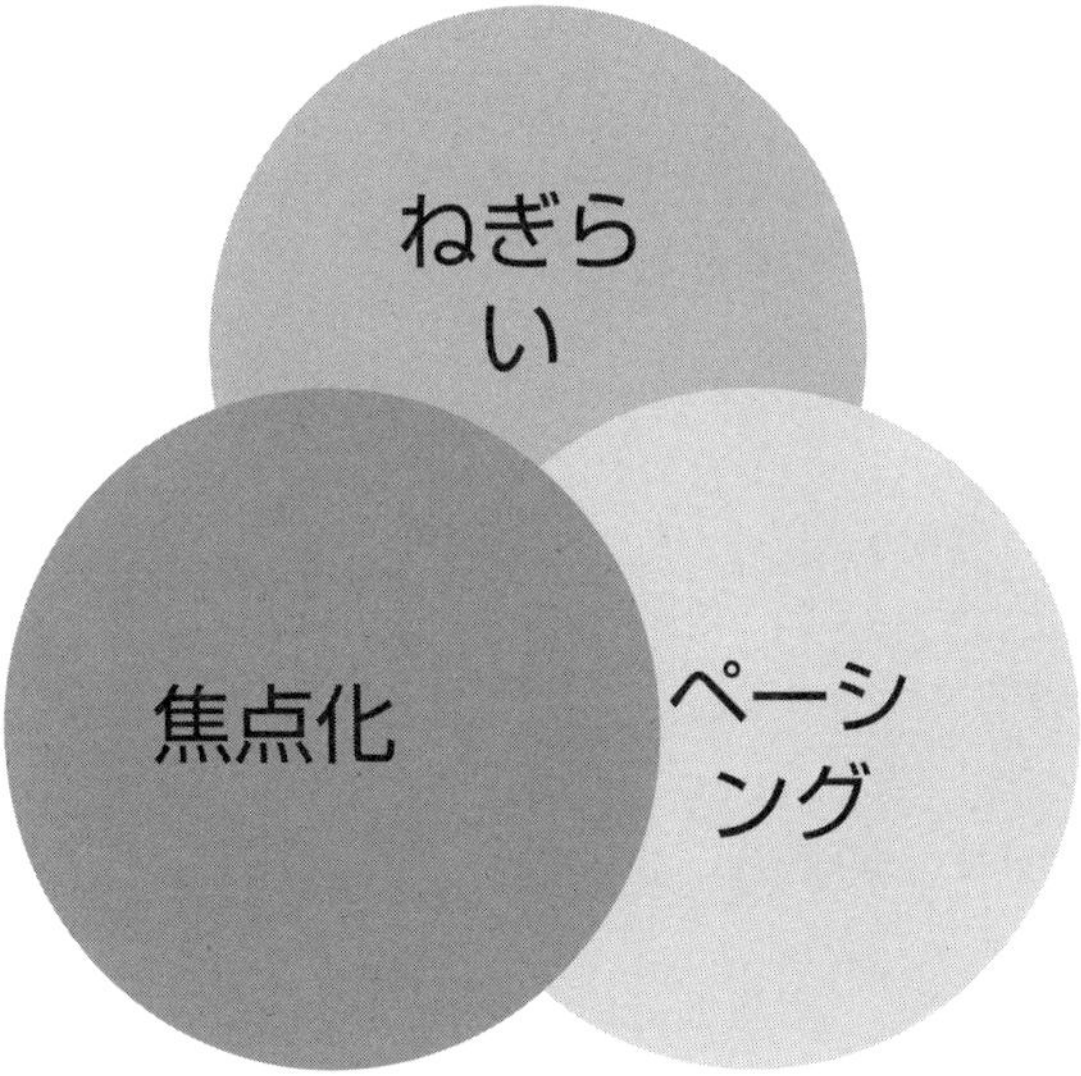

【事例】

僕の左上からびりびりという音がする、だから左上の入居者が悪いという102号室の入居者さんは、201号室の住人を執拗に攻撃します。

もとは騒音トラブルでしたが、一見加害者に思われた入居者には一切非がないケースでした。

また、半袖のシャツを着ているのに長袖を着ているように見える。だから、おたくが提供している鏡がおかしいのではないかという設備に対するクレームは、長袖のシャツの買い漏れがあって気になっているから出たようです。

こういったこともヒアリングしていくと見えてくるのです。

## 2 近い人に相談する

話しを向き合って聞く過程で、何かそれが精神的な疾患であったりとか、五月病の症状としても出てきますので、その入居者の周辺の人、近い人……例えば友人であったり、会社の上司であったりに、一度相談をしてみるということが必要になります。

## 3 両親に相談する

その上で最終的にはその方の両親など、肉親者に相談します。

## 4 結局は未解決になる

いわゆるクレーマー的な人、仕事のトラブルなどでメンタルがまいっているときに、攻撃対象が住居への不満という形で転嫁されているケースもありえます。原因が部屋や設備ではない場合もあります。例えば夫婦関係にあることもあります。中には関わらない方がよい人もいます。モンスタークレーマーとかは変に関わらない方がいいですが、最初の段階ではわかりません。

不用意に刺激しないためにも、「大変でしたね！」とねぎらいから入ること、それから早急に回答を出さないことも大切です。

完全解決を求めるのであれば、退去していただくしかありえません。退去いただかない限りは未解決という形になります。時間をかけて入居者と向き合って聞いて、「どういった部分に対してクレームを言っているか？」をよく認識した上で対応することが必要です。

ここが叶わないと2次クレームにつながります。すなわち、時間をある程度かけるということを覚悟して臨むことが、第3のクレームの対応としては有効な手段ということになります。

この章は抽象的な文が多く、理解が難しく感じるかと思います。今回、紙面の関係で割合させていただきました、クレーム対応事例集を http://www.manshitsu.co.jp/no1 からダウンロードできるようにしておりますのでぜひご活用ください。

# 第６章

# はじめての更新・再契約業務

# 更新・再契約の基本事項

賃貸経営のサイクルは、毎月の家賃の支払いを受けて、クレーム、修繕など日々の対応をしていきます。

その中で、通常の賃貸借契約であれば2年に1回、更新と再契約の業務があります。第6章では更新と再契約の確認をしておきます。

**更　新→普通借家契約**
**再契約　→　定期借家契約**

更新は普通借家契約において2年に1回、契約の更新をすることで使われます。

それに対して定期借家契約というのは期限が決められている契約ですので、更新という考えがありません。表現としては再契約となります。

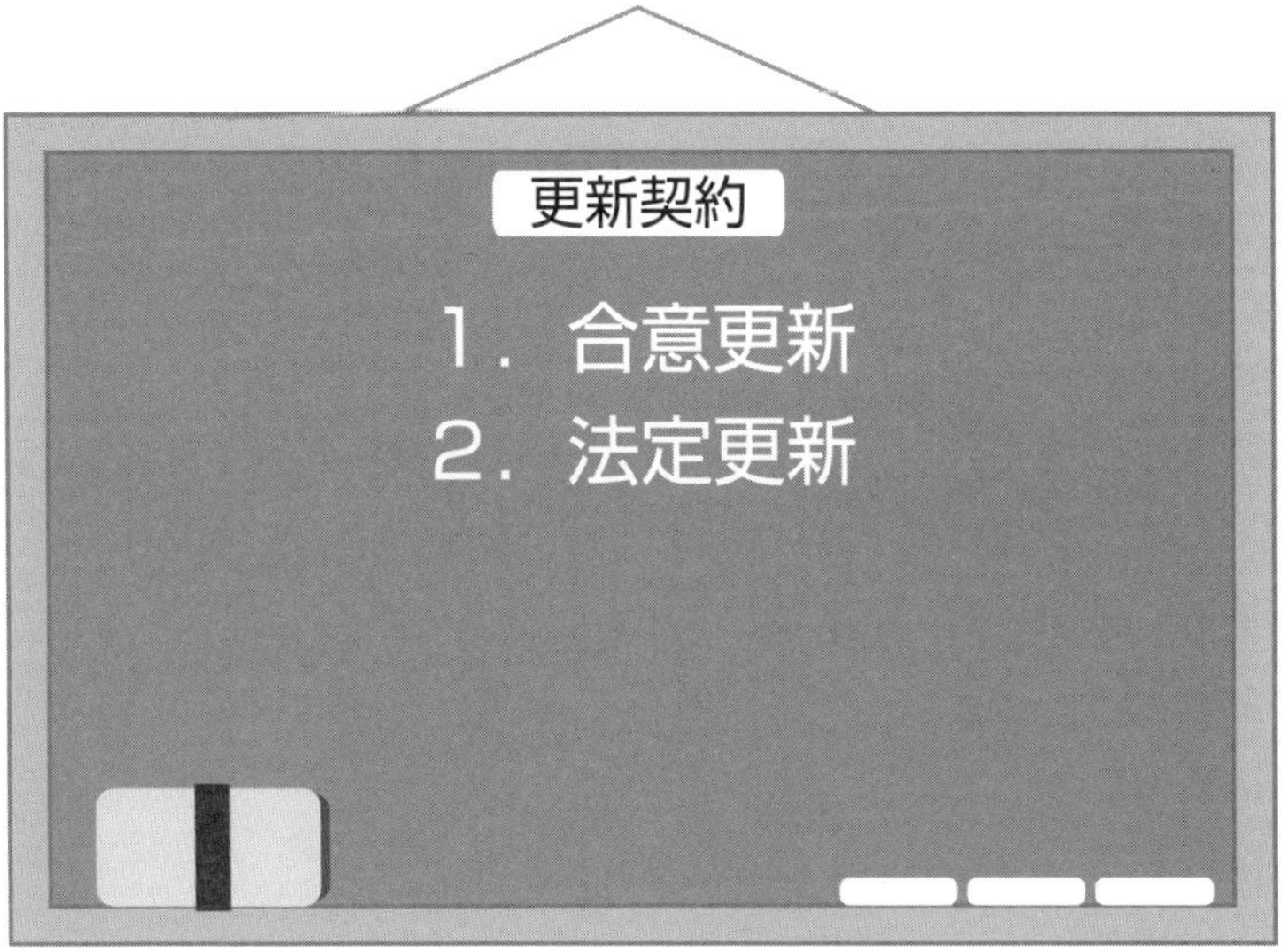


更新契約にも次の２つの種類があります。

## ❶ 合意更新

合意更新とは当事者同士が合意をします。当事者というのは貸主と借主、この２者が更新をすることに合意をして書面で契約をします。更新料が発生をして、それが不動産管理会社の収益源になっています。

例えば地方の場合は、更新はあるけれど料金が発生しなかったり、事務手数料が安かったりします。

## ❷ 法定更新

法定更新とはそのまま更新をしない、期間の定めのない契約ということで、更新契約自体は行われません。ということは更新料が発生しないことになります。

**法定更新をする注意点は、入居者との接点がなくなる可能性がある**ということです。たとえ良好な関係を築いている入居者であっても、まったく接点を持たないことにいくつかリスクがあります。

例えば火災保険、もしくは滞納保証会社においても、代理店として管理会社が契約する場合、「きちんと火災保険に入っているか？」ということが、大家として把握できません。

一方で合意更新の場合は、契約更新の際に併せて火災保険・滞納保証会社の更新もありますし、また場合によっては連帯保証人への更新の意思確認をする管理会社もあるので、合意更新の方が2年に1回顔を合わせるということでもメリットがあります。

ただし、契約書作成業務が発生して、更新料が発生したりするのが入居者にとってデメリットです。

その場合は大家さんが費用負担をして更新する場合が出てきます。

# 合意更新のフロー

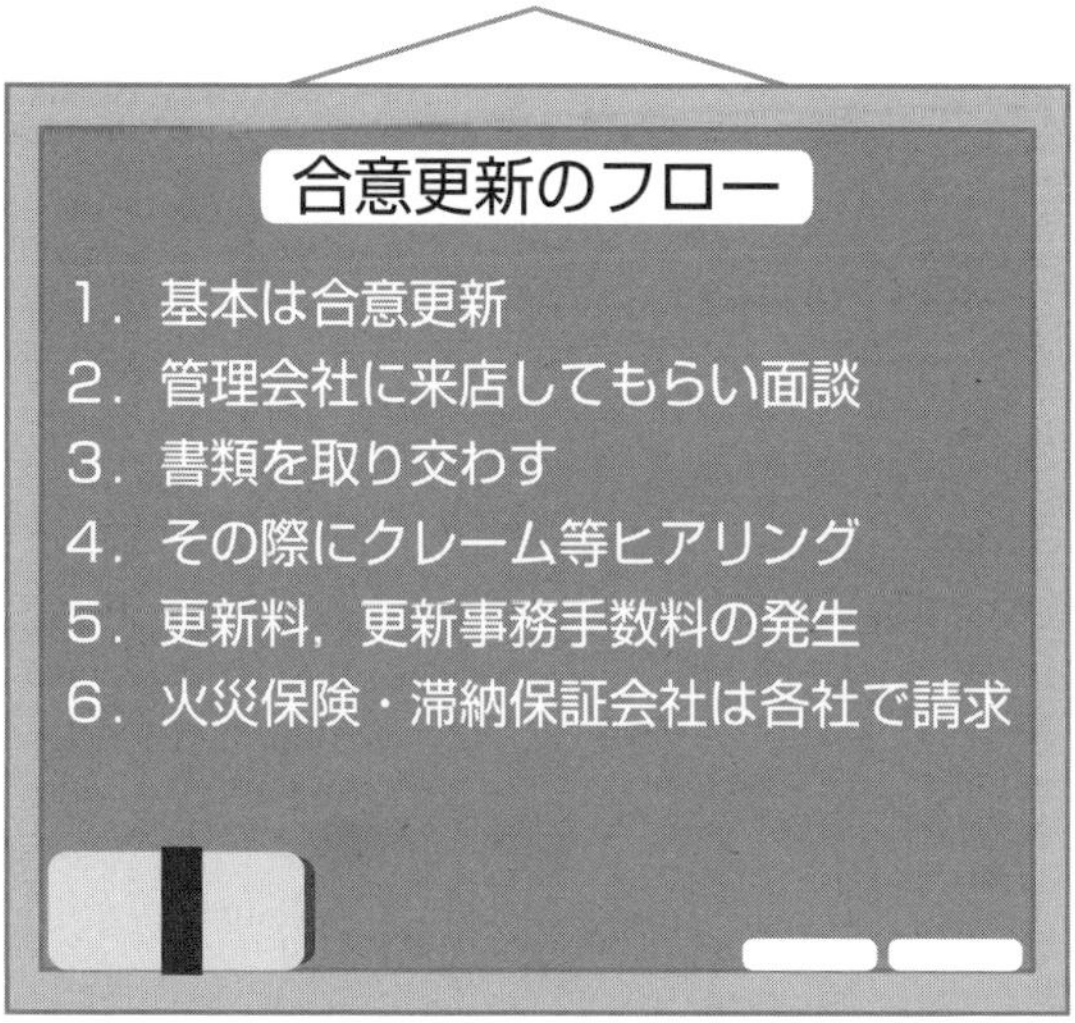
合意更新のフロー
1．基本は合意更新
2．管理会社に来店してもらい面談
3．書類を取り交わす
4．その際にクレーム等ヒアリング
5．更新料，更新事務手数料の発生
6．火災保険・滞納保証会社は各社で請求

合意更新と法定更新の2つを説明しましたが、普通借家契約で行う場合は最良案として次のものがよいと思います。

## 1 基本は合意更新

基本としては契約を取り交わして、合意更新をするのが望ましいと思えます。

## 2 管理会社に来店してもらい面談

合意更新の際には管理会社に来店してもらい面談します。

そうすることによって2年に1回は入居者

と管理会社が接点を持つことができます。

自主管理の大家さんの場合は、自身が面談をして合意更新することになります。

## 3 書類を取り交わす

## 4 その際にクレーム等ヒアリング

更新の書面を取り交わしますが、その際に住んでいる物件に対するクレームなどもヒアリングをするということを説明します。

2年住んでいる中で、物件に対する不満や要望を述べてもらいます。

不満の火種を持ち続けたまま入居し続けるということは、クレームの章でもお話ししましたが、信頼残高を下げながら入居し続ける状況になるわけです。

そこでガス抜きではないですが、信頼残高を高める部分も含めて、その2年に1度の更新契約のときに、小修繕も含めた部屋に対する困りごとや、グレードアップの希望をヒアリングして、場合によっては補修改善をするということで、不満をリセットするきっかけにします。

## 5 更新料、更新事務手数料の発生

エリアの商習慣に合わせた更新料、もしくは更新事務手数料が発生します。基本は入居者が支払うものですが、より優位に契約を更新したい場合は大家さんが負担します。

## 6 火災保険・滞納保証会社は各社で請求

火災保険と滞納保証会社で更新がある場合は、それは各火災保険会社、各滞納保証会社から直接請求をしてもらうという流れを築くといいでしょう。

# 定期借家契約　普及の壁

定期借家契約は世界を基準とした賃貸借契約を見た場合、普通の契約であり、逆に日本の普通借家契約は世界を基準として見た場合、**異常借家契約**と言ってもおかしくありません。

というのも普通借家契約は戦時立法で、賃借人の立場をより有利にするために生まれた契約だからです。

つまり普通借家契約の場合は、入居者保護の観点の高い契約になっており、大家さんにとっては、とくに立ち退きの点で、不利な内容になっています。

中には「定期借家契約こそ普通借家契約だから、定期借家契約にすべきだ！」と言っている大家さんや管理会社さんもいらっしゃいます。

しかし定期借家契約には**「普及の壁」**というものがあります。

現在、**定期借家契約の普及率は5％未満**と言われています。

入居者の立場からすると普通借家が普通だという認識をしていますし、また、今の賃貸営業マンは普通借家契約のマニュアルで育っていて、かつ大手のフランチャイズもそうですが、賃貸管理ソフトも全て普通借家契約のマニュアルで育っている文化にあります。

そういう中において賃貸営業マンが定期借家契約に抵抗があるのも事実です。

また大家さん、不動産管理会社も定期借家契約に対する知識が不十分です。

よって入居者の理解や不動産業者の協力が得られない、それが普通借家契約の壁です。

## ・定期借家契約の基本～基本3原則

ここで定期借家契約についてお話しします。定期借家契約には、基本の3原則というものがあります。

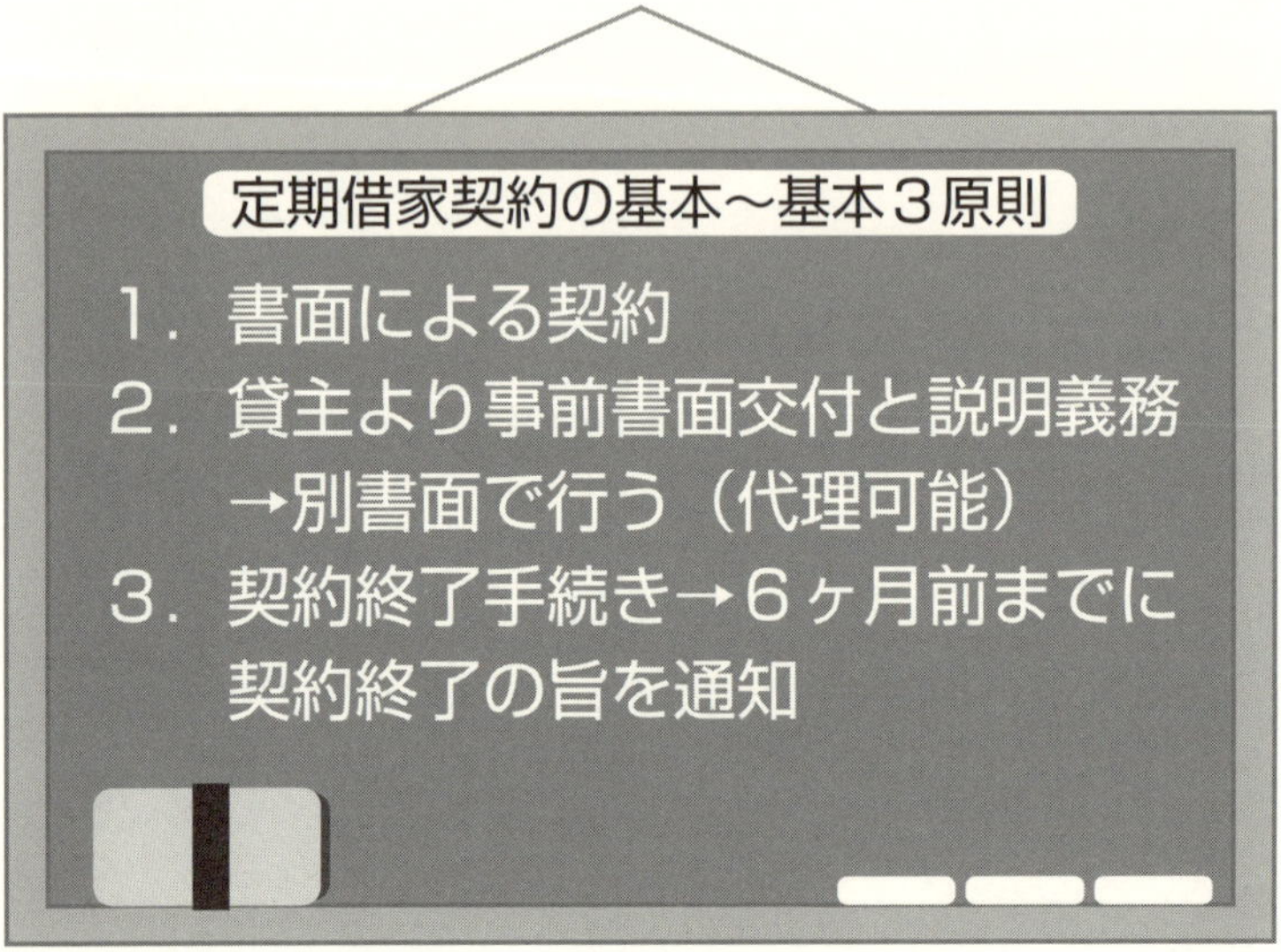
定期借家契約の基本～基本３原則
1．書面による契約
2．貸主より事前書面交付と説明義務
→別書面で行う（代理可能）
3．契約終了手続き→６ヶ月前までに
契約終了の旨を通知

## 1 書面による契約

まず書面による契約が必要です。普通借家の場合は口頭レベルの契約でもかまわないところが、定期借家契約の場合は書面による契約をする必要があります。

## 2 貸主より事前書面交付と説明義務→別書面で行う（代理可能）

これは1枚の契約書から分離した紙で「この契約は定期借家契約ということで更新はありません」ということを、貸主から借主へ書面をもって説明する義務があります。

貸主が入居者とこの書面を取り交わすために、契約時に必ず貸主が立ち会う必要はありません。代理人を立てることが可能です。

不動産管理会社が大家さんから委任を受けて、貸主の代わりに不動産管理会社が入居者に説明をすることもできます。

普通借家契約と違うところは、書面をもらう手続きがひと手間増えるということです。管理会社がそういった部分も含めて転貸借（サブリース）をして、最初から貸主として説明するケースもありますが、通常は管理会社が貸主に委任状をもらってから契約をしますので、ここでも業務上の手間がかかります。

## 3　契約終了手続き　↓　6ヶ月前までに契約終了の旨を通知

例えば2年間の定期借家契約であれば、これが6ヶ月前までに契約終了の旨を通知しなければいけないということです。これにも不動産管理会社の手間がかかります。

このように、3原則を押さえた上で契約を取り交わすのは、管理会社にとって煩雑な手続きが多いのです。

そこまでして定期借家契約をするメリットが管理会社には多く見受けられません。その結果、定期借家契約に対して前向きの回答を出さない管理会社が多いのです。

# 定期借家契約のメリット

このように普及の進んでいない定期借家契約ですが、大家さんにとって有利な点が多くあります。

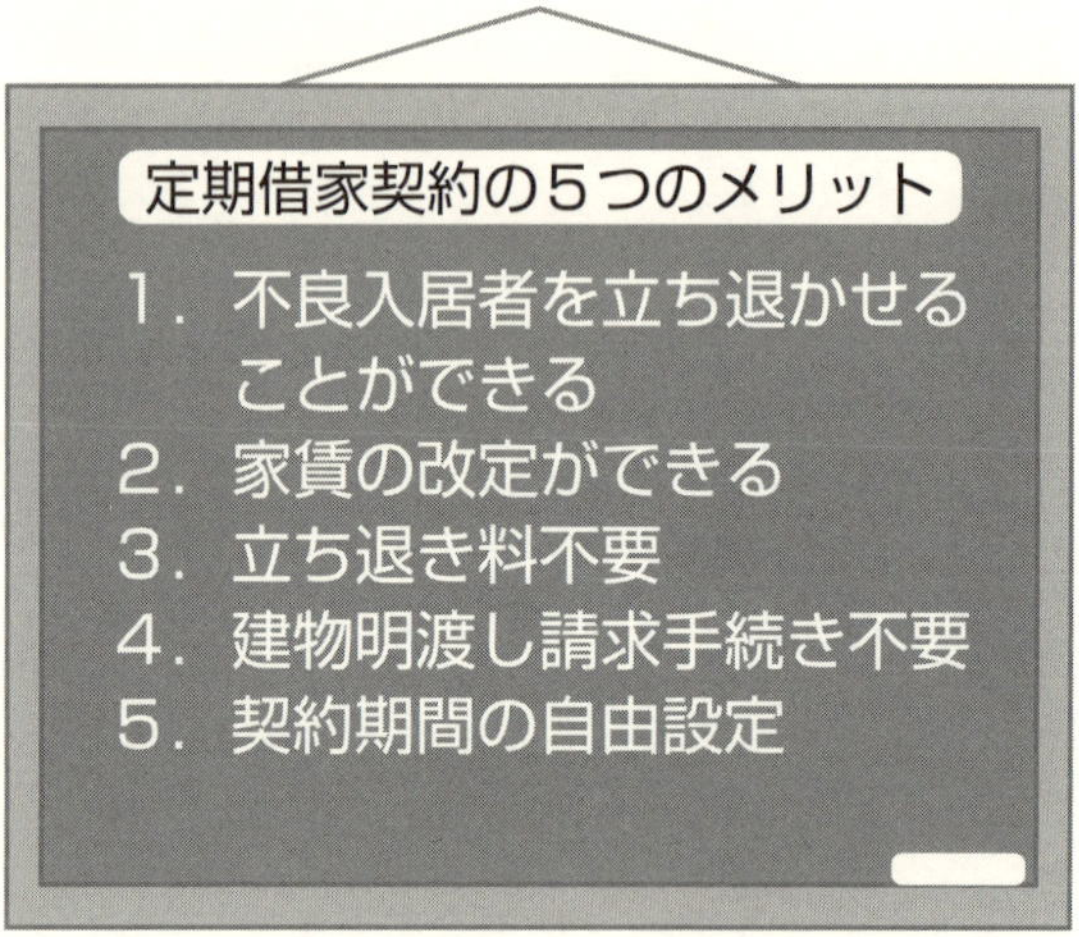
定期借家契約の５つのメリット
1．不良入居者を立ち退かせることができる
2．家賃の改定ができる
3．立ち退き料不要
4．建物明渡し請求手続き不要
5．契約期間の自由設定

## ・定期借家契約の５つのメリット

定期借家契約で入居すれば、不良入居者であった場合は合法的に立ち退かせることができます。

具体的には立ち退き業務が発生したときに、立ち退き料を支払わずに引越しをしてもらうことが合法的に可能です。

またオーナーの方で決定した家賃をそのまま使えることができる、契約期間をオーナーが自由に決められるなど、契約内容においてオーナーの裁量性が大きいことが特徴です。1～5を考えると不良入居者の排除に向いている契約ということになります。

# 空室対策からみた定期借家契約

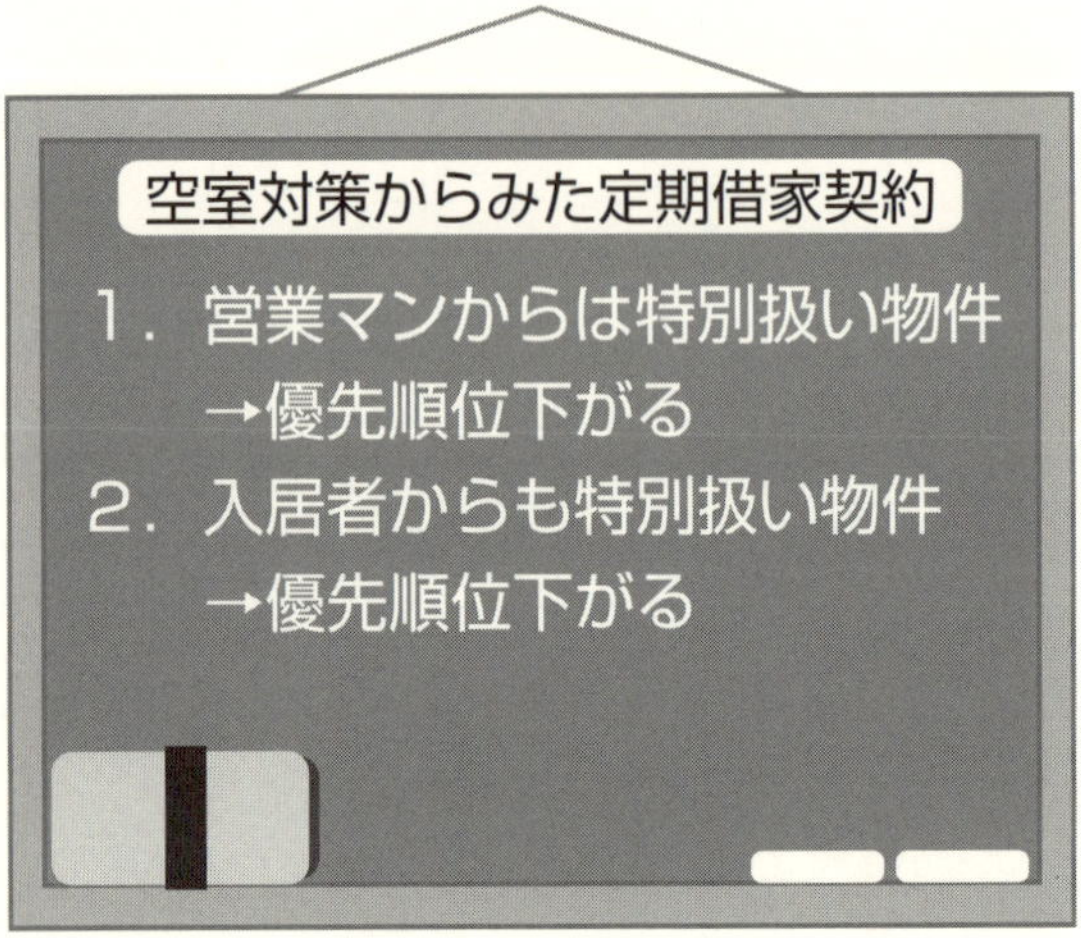
空室対策からみた定期借家契約
1．営業マンからは特別扱い物件
→優先順位下がる
2．入居者からも特別扱い物件
→優先順位下がる

ここで考えなければいけないのが、全国的に普及されていない定期借家を前向きに導入することが、空室対策や賃貸経営からみて、どのように扱われるかということです。

## 1 営業マンからは特別扱い物件 → 優先順位下がる

現在、普通借家契約が１００軒あるうち、定期借家契約の普及率から考えると定期借家契約は実に5軒しかない計算になります。

北海道から沖縄までの全国の空室対策コンサルティングをやっている中で、定期借家契約が浸透していると判断できるエリアは、東京、神奈川等の関東圏、名古屋、大阪など大都市圏にかなり絞られます。

つまり全国的にみると定期借家契約の物件というのは、特別扱いの物件になる、ということです。さらに賃貸営業マンは定期借家契約での契約をした経験値が少ないですから、**「大変な面倒な物件」**と位置付けられる可能性もあります。

その点から考えると、積極的に営業マンが定期借家契約の物件を紹介する確率は高くなりません。

むしろ物件紹介の優先順位が下がる可能性があります。

## 2 入居者からも特別扱い物件　→　優先順位下がる

入居者からしてみると、普通借家契約と定期借家契約では、明らかに内容が不利になります。

営業マンから「いや、これは不良入居者の排除のためにしたもので、再契約を前提とした再契約型の定期借家契約です！」と説明を受けたとしても、入居者としても合法的に立ち退かされるリスクも背負わなければなりません。

その結果、**定期借家契約は空室対策として考えた場合に不利**になるといえます。

定期借家契約は不良入居者を排除する前提としている面から見るならば、普通借家契約でも極力、不良入居者を入れない入口対策をしっかりして、審査をして入居させ、またさらに連帯保証人に解約権を持たせるなど、またさらに貸主が管理会社になって、使用貸借の契約を結ぶなどをすることによって、定期借家契約と同等の契約形態を築くこともケースによっては可能です。

空室対策として考えた場合は、定期借家契約を積極的に導入することがかえって、ハンデを背負いかねないことを理解してください。

例えば、連帯保証人付きの物件では普通借家契約の場合でも、連帯保証人に解約権を持ってもらうことによって、その入居者を解約させることができます。

契約自体は普通借家契約ですが、「覚書を交わす」「特約部分に条文を足す」ことで可能です。

これはあくまで一例になりますが、不良入居者を入居させない入口対策と、しっかりとした契約で定期借家契約と同じように、不良入居者を退去させることも可能です。

# 定期借家契約を空室対策に活かす方法

それでは定期借家契約を空室対策でどのように活かすのか？　ということを考えてみたいと思います。

基本的には、**募集時点は普通借家契約で募集して、申込み内容次第で、定期借家契約を提案します。**

まず**外国籍の方であれば、基本的には定期借家契約を当然の契約としてかまいません。**

それはなぜかというと、外国籍の方からみると日本の普通借家契約はむしろ「異常」なので、外国籍の方との契約の場合は最初から定期借家契約でいいのです。

外国籍の定期借家契約の場合は、オーナーが期間を決めることができますから、場合によっては3ヶ月単位にしたり、6ヶ月単位にしたり、マンスリーのような形で定期借家契約を結んでもよろしいかと思います。

多いのは当初3ヶ月の定期借家契約で、2回目の契約を364日にします。

なぜ365日ではなく、364日にするかといえば、定期借家契約では、1年以上の契約の場合、契約終了の1年前～6ヶ月前までに終了通知を出す必要があります。これが1年未満であれば必要がないとされているからです。

家賃滞納など問題のない入居者であれば、再契約を前提とした定期借家契約を結ぶことにより、入居者は基本的に住み続けられる、オーナーから見れば、不良入居者でない限り、住み続けてもらうことが可能になります。

こうしたやり方は、オーナーズエージェント株式会社の藤澤雅義氏が提唱しています。日本国籍の方でも、本当に家賃を払ってくれるかわからないと感じた中で、空室を埋めていくために、リスク覚悟で受け入れるということを考えた場合、定期借家契約を提案してリスクヘッジするやり方ができます。

それを私の場合は**「後出し定期借家契約」**という風に呼んでいます。

いずれの場合も、募集時点は普通借家契約で募集するのがポイントです。

# 第７章

# はじめての退去・敷金精算

# 敷金精算トラブルは賃貸経営の結果の表れ

入居者のライフサイクルは、まずいくつか内覧して、物件を決めるところからスタートします。

その後、入居審査を受けて、賃貸借家契約をして引越しをします。

毎月家賃を支払うことが始まり、その中で修繕、クレームが生じます。そして2年に1度の更新契約を重ねます。

その中で信頼残高によって「物件に長期で住む、住まない」というのが決まり、最終的には物件を退去していきます。

私は、そもそも「退去」という言葉は適切でないと思っています。退去ではなく**「卒業」**と定義したいと思っています。

そこで改めて考えなければいけないのが、卒業時の敷金精算トラブルです。

どうして敷金精算トラブルが生まれるのでしょうか。

本書では**「不動産投資は出口対策、賃貸経営は入口対策である」**ということを提唱していましたが、敷金精算トラブルの発生は、それが今の賃貸経営の結果の表れでもあります。

毎月の家賃の支払い、更にはクレーム対応、そういったことをしっかり対応してきて、入居者が何のストレスもなくお互いに幸せな状態で卒業するのであれば、敷金精算トラブルは起こりようもないわけです。

しかし、結果として敷金精算トラブルになるということは、反省して改善をしていくということが必要です。

家賃管理、クレーム対応、入居時の補修であったり、何らかの賃貸経営上の問題点が潜んでいるのではないかということも含めて、検討しなくてはいけません。

# そもそも敷金とはなんでしょう？

そもそも敷金とは何かといえば「担保」のことです。

「担保」を辞書で引くと、「将来、生じるかもしれない不利益に対して、それを補うことを保証すること、または保証するもの」とされています。

つまり賃貸経営では、賃借人の賃料支払債務を担保する意味を持ちます。

現在、敷金の扱いには３つの形があると思います。

1. 敷金がとれている
2. 敷金ゼロだが、別途クリーニング代などをとっている
3. 敷金がとれていない

敷金１ヶ月ないし２ヶ月とれているのか、敷金０だが別途クリーニング代を取っている、敷金０でクリーニング代も取っていないというパターンです。

敷金が取れていなければ、ふた手間かかるため、あまり受けないケースがあります。

ふた手間とは、例えばそこにリフォーム代が発生した場合、従来通りに入居者から敷金が取れていれば、管理会社は入居者に対しては請求が要らずに、預かっている敷金から相殺できます。

ところが敷金が取れていなければ、オーナーさんへの請求に加えて、更には入居者への請求という2つの請求が発生します。

そういう意味で、不動産管理会社の担当者にとってのふた手間なのです。

そのため、やはり敷金は事前に取っておきたい。しかし、敷金を多く取ることで空室が埋まらない…というジレンマの中で、日々募集活動を行っていることを認識する必要があります。

# 退去立会いから敷金精算の流れと認識

退去の際に「退去立会い」が行われます。その際に部屋を原状に戻す業務として、原状回復があります。

そして、賃貸借契約書に基づいて、敷金精算を行います。

敷金精算とは、入居者と貸主の原状回復に戻すための負担の割合を決める業務です。

一般的にはプレーヤー派の場は、オーナーさん自らが敷金精算を行うこともありますが、やはり直接やりとりするとトラブルになることも含めて、そのプレーヤー派のオーナーさんが発注しているリフォーム業者さんが立会いを行うケースが多いです。

またアウトソーシング派であれば、その管理会社のリフォーム担当者、もしくはリフォーム部門を持っていない場合は、管理会社の担当者が立会いをすることが多いです。

リフォーム費用は一般的にオーナーさんが支払うものですが、必要以上に費用請求をしていたことが、過去にはありました。

それが、いわゆる敷金精算トラブルとして残っている現状があります。

なお原状回復とリフォーム業務は違う性質の工事です。**原状回復は元に戻すための工事、リフォームはグレードアップの工事**という位置づけです。

# 入居者の2つの義務

入居者には退去時に2つの義務があります。1つは原状回復義務。もう1つは返還義務があります。

## 1 原状回復義務 → 借りた時の状態に戻す

原状回復とは借りたときの状態に戻すということです。具体的にいうと「入居者が自分で壊した部分を修理する」これが原状回復義務になります。

## 2 返還義務 → 借りた部屋を返す

これは借りた部屋を返すということです。公共機関の契約、水道電気ガスが全部解約されている。部屋の中に残置物も含めて何もない状態。これが入居者の2つの退去時に課せられた義務となります。

# 敷金訴訟が流行っている理由

昨今、敷金返還訴訟が流行っています。その理由には、次の2つがあります。

## 1 少額訴訟制度 → 裁判の簡略化

少額訴訟制度が容認されて、裁判の簡易化が進んでいます。本章で扱っている敷金返還訴訟、第4章で扱っている家賃滞納トラブルが悪化して、滞納がリカバリーできなかったときにこの制度を使います。

## 2 消費者契約法 → 賃貸における最強の特別法

**賃貸における最強の特別法である消費者契約法**が導入されました。敷金訴訟が流行っておりますが、これは敷金、更新料に問題があるというわけではなくて、「消費者契約法の観点から見ると、どうなのか？」ということが問われています。それが敷金や更新料の訴訟の本質です。

賃貸における最強の特別法である消費者契約法について補足します。

## ・一般法と特別法とは？

まず特別法の反対に一般法があります。特別法で定められている多くの事項、これは一般法に対して優先的に適用されるということです。

**一般法　＜　特別法**

このような関係です。「一般法より特別法を優先する」と考えます。一般法とは、日本の賃貸借契約の場合は、民法が基本法になります。

民法を一般法にした場合、借地借家法が特別法です。つまり民法と借地借家法で同じことが書いてある場合は、借地借家法のほうを優先するという状況になるわけです。

ですが最近は借地借家法よりも、消費者契約法が強い法律である解釈がされています。そういう意味で消費者保護法の観点に立った上で、しっかり敷金精算を行っていく必要があります。

# 入居者に反論させない方法

契約の際に、しっかりと現状の確認を行うことが大切です。入居者に敷金精算時に反論させない方法についてお話しします。

## 1 入居時の原状確認

入退去時の現状の確認をしっかり行うに尽きると思います。入居時の物件状況の確認シートを提出してもらう必要があります。

またそれに付随して、入居時の写真、更には入居者の立場に立った説明をする必要があります。次の3点を簡単に解説していきます。

1. 入居時の物件状況確認シート
2. 写真に残す
3. 入居者の立場に立つ

## 2 入居時の物件状況確認シート

① 家主（管理会社）が確認

家主（管理会社）が入居時の状況を確認します。本当はお互いに同タイミングで一緒に確認しあうのがベストです。

② 入居者が確認

次に契約後に入居者が確認をします。その上で

③ お互いの確認シートを共有

④ 退去時はそのシートをたたき台にする

入居時の現況から退去時は「どのように変わったのか？」を確認します。

## 入退去時の物件状況及び原状回復確認リスト（例）

| 入居時・退去時物件状況確認リスト | | |
|---|---|---|
| 物件名 | | 住戸番号 |
| 所在地 | | TEL（　　）　　－ |
| 借主氏名 | | 貸主氏名 |
| 契約日　年　月　日 | 入居日　年　月　日 | 退去日　年　月　日 |
| 転居先住所 | | 転居先TEL（　　）　　－ |

| 場所 | 箇所 | 入居時 | | | 退去時 | | | | | | | |
|---|---|---|---|---|---|---|---|---|---|---|---|---|
| | | 損耗 | 交換年月 | 具体的な状況 | 損耗 | 具体的な状況 | 修繕 | | 交換 | | 負担 | |
| | | | | | | | 要 | 不 | 要 | 不 | 要 | 不 |
| 玄関・廊下 | 天井 | 有・無 | | | 有・無 | | | | | | | |
| | 壁 | 有・無 | | | 有・無 | | | | | | | |
| | 床 | 有・無 | | | 有・無 | | | | | | | |
| | 玄関ドア | 有・無 | | | 有・無 | | | | | | | |
| | 鍵 | 有・無 | | | 有・無 | | | | | | | |
| | チャイム | 有・無 | | | 有・無 | | | | | | | |
| | 下駄箱 | 有・無 | | | 有・無 | | | | | | | |
| | 照明器具 | 有・無 | | | 有・無 | | | | | | | |
| | 郵便受け | 有・無 | | | 有・無 | | | | | | | |
| 台所・食堂・居間 | 天井 | 有・無 | | | 有・無 | | | | | | | |
| | 壁 | 有・無 | | | 有・無 | | | | | | | |
| | 床 | 有・無 | | | 有・無 | | | | | | | |
| | 流し台 | 有・無 | | | 有・無 | | | | | | | |
| | 戸棚類 | 有・無 | | | 有・無 | | | | | | | |
| | 換気扇 | 有・無 | | | 有・無 | | | | | | | |
| | 給湯機器 | 有・無 | | | 有・無 | | | | | | | |
| | 電気・ガスコンロ | 有・無 | | | 有・無 | | | | | | | |
| | 照明器具 | 有・無 | | | 有・無 | | | | | | | |
| | 給排水設備 | 有・無 | | | 有・無 | | | | | | | |
| 浴室 | 天井・壁・床 | 有・無 | | | 有・無 | | | | | | | |
| | ドア | 有・無 | | | 有・無 | | | | | | | |
| | 風呂釜 | 有・無 | | | 有・無 | | | | | | | |
| | 浴槽 | 有・無 | | | 有・無 | | | | | | | |
| | シャワー | 有・無 | | | 有・無 | | | | | | | |
| | 給排水設備 | 有・無 | | | 有・無 | | | | | | | |
| | 照明・換気扇 | 有・無 | | | 有・無 | | | | | | | |
| | タオル掛け | 有・無 | | | 有・無 | | | | | | | |
| 洗面所 | 天井・壁・床 | 有・無 | | | 有・無 | | | | | | | |
| | ドア | 有・無 | | | 有・無 | | | | | | | |
| | 洗面台 | 有・無 | | | 有・無 | | | | | | | |
| | 洗濯機置場 | 有・無 | | | 有・無 | | | | | | | |
| | 給排水設備 | 有・無 | | | 有・無 | | | | | | | |
| | 照明器具 | 有・無 | | | 有・無 | | | | | | | |
| | タオル掛け | 有・無 | | | 有・無 | | | | | | | |
| トイレ | 天井・壁・床 | 有・無 | | | 有・無 | | | | | | | |
| | ドア | 有・無 | | | 有・無 | | | | | | | |
| | 便器 | 有・無 | | | 有・無 | | | | | | | |
| | 水洗タンク | 有・無 | | | 有・無 | | | | | | | |
| | 照明・換気扇 | 有・無 | | | 有・無 | | | | | | | |
| | ペーパーホルダー | 有・無 | | | 有・無 | | | | | | | |

| | | | | | | | | | | | | |
|---|---|---|---|---|---|---|---|---|---|---|---|---|
| 個室 | 天井 | 有・無 | | | 有・無 | | | | | | | |
| | 壁 | 有・無 | | | 有・無 | | | | | | | |
| | 床 | 有・無 | | | 有・無 | | | | | | | |
| | 間仕切り | 有・無 | | | 有・無 | | | | | | | |
| | 押入・天袋 | 有・無 | | | 有・無 | | | | | | | |
| | 外回り建具 | 有・無 | | | 有・無 | | | | | | | |
| | 照明器具 | 有・無 | | | 有・無 | | | | | | | |
| 個室 | 天井 | 有・無 | | | 有・無 | | | | | | | |
| | 壁 | 有・無 | | | 有・無 | | | | | | | |
| | 床 | 有・無 | | | 有・無 | | | | | | | |
| | 間仕切り | 有・無 | | | 有・無 | | | | | | | |
| | 押入・天袋 | 有・無 | | | 有・無 | | | | | | | |
| | 外回り建具 | 有・無 | | | 有・無 | | | | | | | |
| | 照明器具 | 有・無 | | | 有・無 | | | | | | | |
| 個室 | 天井 | 有・無 | | | 有・無 | | | | | | | |
| | 壁 | 有・無 | | | 有・無 | | | | | | | |
| | 床 | 有・無 | | | 有・無 | | | | | | | |
| | 間仕切り | 有・無 | | | 有・無 | | | | | | | |
| | 押入・天袋 | 有・無 | | | 有・無 | | | | | | | |
| | 外回り建具 | 有・無 | | | 有・無 | | | | | | | |
| | 照明器具 | 有・無 | | | 有・無 | | | | | | | |
| その他 | エアコン | 有・無 | | | 有・無 | | | | | | | |
| | スイッチ・コンセント | 有・無 | | | 有・無 | | | | | | | |
| | バルコニー | 有・無 | | | 有・無 | | | | | | | |
| | 物干し金具 | 有・無 | | | 有・無 | | | | | | | |
| | ＴＶ・電話端子 | 有・無 | | | 有・無 | | | | | | | |

〈備考〉

☆　入居時　上記の通り物件各箇所の状況について点検し，確認しました。

平成　　年　　月　　日　　　　平成　　年　　月　　日

借主氏名　　　　　　　　　　印　　貸主氏名　　　　　　　　　　印

平成　　年　　月　　日

管理業者名及び
確認担当者氏名　　　　　　　　　　印

☆　退去時　上記の通り物件各箇所の状況について点検し，確認しました。

平成　　年　　月　　日　　　　平成　　年　　月　　日

借主氏名　　　　　　　　　　印　　貸主氏名　　　　　　　　　　印

平成　　年　　月　　日

管理業者名及び
確認担当者氏名　　　　　　　　　　印

※入居時には，賃貸人・賃借人の双方の視点で当該物件の部屋および部位ごとに「箇所」を確認し，「損耗」の有無に○を付け，「交換年月」を記入する。そしてその損耗の具体的な状況を適宜記入する（写真等に撮影して添付する等より具体的にすることが望ましい）。

※退去時には，入居時に記入した状況等をもとに，賃貸人・賃借人の双方の視点で物件の部屋および部位ごとに「箇所」を確認し，損耗等の有無や具体的な状況，修繕等の要否を適宜記入する。

寄って

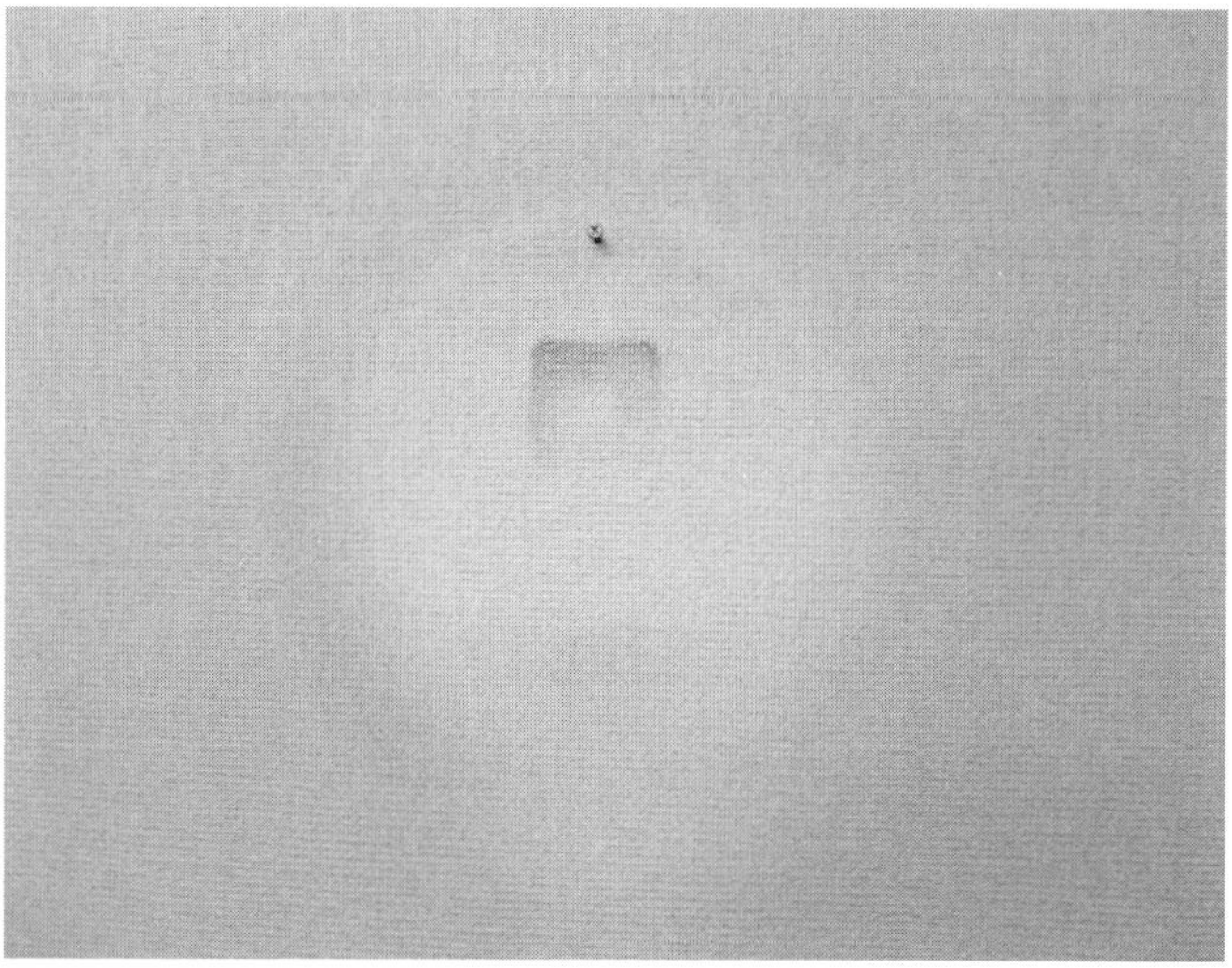

## 3 写真に残す

### ①寄って撮影

壁のクロスに傷が入っていた場合、寄って写真を撮る必要があります。それはどういった状態か？　アップで撮影して確認します。

### ②引いて撮影

アップでは、それが部屋の中でどこの場所かわかりません。まず寄った現況を確認する写真とともに、その写真がどこにあるのかを引いて、周辺のものも含めて写真を撮る必要があります。

### ③指差して

できれば引いて撮るときに「ここの写真を撮ってますよ」と指で差して撮ることが

引いて

指差して

大事です。退去時は入居時のことを忘れていますから、そのときの記憶をお互いに思い出す意味合いも込めて、指差し確認をして写真を撮ります。

寄って撮る、引いて、指を差して撮るという形で、入居時の物件状況を確認します。そして現況確認シートにどの部分に対して、どの部分の写真を撮っているのかを合わせて確認をとっておくことが大切です。

## 4 入居者の立場に立った説明

入居者の立場に立った説明とは、次の条件を満たす説明のことです。

① 一方的でない

② 互いの利益を尊重

よくあるのは「これこれこういう場合は入居者の負担になります」という法律に立った場合、「この場合は家主に責任はない」という風な、一方的な契約をする場合が多くあります。

そうではなくてお互いの利益を尊重した、入居者の立場に立った説明をすることが必要ではないでしょうか。

入居者の立場に立ったときに、部屋を使う際の情報を入居者に事前に伝えておけば、入居者は物件をキレイに使ってくれます。

生活に役立つ情報を事前に伝えておくことが大切だと思います。

入居者の立場に立った説明＝オーナー側が一方的に自分の利益だけを伝える契約めいたものだけではなく、お互いの利益、部屋を丁寧に使い続ける意識を持って生活することが必要です。

結果的に敷金精算時に、部屋が傷まない状態で退去してもらえますから、オーナーもリフォーム費用もかかりませんし、入居者にも敷金精算時の金額が減ります。

そのために入居者が、「どういう生活をしたらいいのか？」のお役立ち情報を伝えることが必要です。次の項目で具体的に説明します。

# 原状回復の具体事例

次は部屋の箇所別に、具体的にどのように対処したらいいかをお伝えします。入居者負担になりやすい部分、契約時に注意喚起すべきことをピックアップしています。

以下の事項に関しては、入居審査のあとの契約をするときに契約担当者にしっかりと伝えてもらうようお願いします。契約時に退去の部分を想定して、これも含めての入口対策です。

入口でこの説明がしてあるのとないのでは、まったく違います。ベストエンドを目指すのであれば、くれぐれも入口を大切にしてください。

【参考】
国土交通省が定めた「原状回復をめぐるトラブルとガイドライン」http://www.mlit.go.jp/jutakukentiku/house/jutakukentiku_house_tk3_000020.html

・フローリングの傷

いきなり物を置くと傷になりやすいです。キャスター痕による傷補修は入居者負担になるため、クッション材や傷除けのグッズが（１００均にあるもの）使用をすすめます。

・フローリングのシミ・タバコのコゲ

じゅうたんなどを敷いて事前に回避することができます。

・クロスのカビ

結露の放置、室内換気が不十分という理由で発生します。こまめに結露をふき取る、十分な換気を契約時にすすめます。

とくに築年が20年経っている物件は、今の24時間換気がないので入念に換気する必要があります。

とくに週末は窓や玄関の扉を開けて、十分な換気をすると快適な生活ができるので、ぜひご協力くださいと注意喚起をします。

・入居者の過失の損傷

日常の不適切な手入れ、違反による毀損は入居者負担です。仮に過失があった場合は請求するということになります。くれぐれもご注意下さいと伝えます。

・タバコのヤニ

汚れの強弱にかかわらず、全部交換の対象になる旨を伝えます。室内での喫煙の配慮を入居者にお願いする。

タバコのヤニはエアコンクリーニングも同様になります。タバコのヤニが染み付いた場合は、最悪の場合はエアコンの交換、もしくはエアコンの分解清掃が発生する場合があり、入居者にとってメリットがないので、請求されることを覚悟して吸うのか？　喫煙のルールをご自身で配慮して欲しい旨をお願いします。

・冷蔵庫のクロスコゲ

テレビの焦げは地デジ液晶になってからなくなりましたが、冷蔵庫のクロス焦げはまだあります。冷蔵庫の4つ足にしっかりと、しかも水回りのところはクッションフローリングになっているところが多いですから跡が付かないように、冷蔵庫にはクッション材を敷いて、極力跡が残らない工夫をしてもらいます。

クロスについては、耐火パネルを使用するなどをして「クロス焦げ」が起こらない工夫をした上で「ここに冷蔵庫をおいてください」と注意をする必要があります。

### ・水回りの手入れ

換気扇がしっかり回っているかどうかを事前に確認をしましょう。ユニットバスの使用は十分に換気をするようお願いします。

定期的に石鹸のカス、ひどい湯垢、カビ、ユニットの掃除をしてもらいます。石鹸のカス、ひどい湯垢、カビは入居時の状況からみて「酷い場合は入居者負担になりますよ」と伝える必要があります。

### ・換気扇の吸い込み

台所部分の換気扇の吸い込み口を定期的に外して掃除します。おすすめするのはエアコンフィルターの清掃タイミングです。

冷房から暖房の切り替え時期に合わせて換気扇のお手入れをする、ということを入居時の契約の際、あとは物件状況の確認をする際にお話しをして、入居者に部屋をキレイに使ってもらうメリットを理解していただいて入居をしていただきます。

大切なのは「室内を傷めない・汚さない」という意識を持って、日々の生活をしてもらうように入居者に伝えていくことです。

その上で日々の賃貸経営、ライフサイクルを回していくことで、信頼残高を蓄えていく努力をします。結果として入居者トラブルが起きないという環境になります。

# 敷金精算トラブルを起こさない

敷金精算トラブルを起こさないということは、入居者のメリットを考えて、必要事項を伝えることで、その結果、大家さんのメリットが生まれることになります。

もうひとつ付け加えると、入居時にいわゆる物件状況の確認を、管理会社および家主さんがするときに、小修繕トラブルが起きないかのチェックも行いましょう。

リフォーム業者は一般的には小修繕の点検は行わないものです。水道のパッキン交換、ドアの建付け、網戸の剥がれ曲がり等を事前にチェックして、その小修繕部分についてしっかりと対応してもらうことが大切です。

更に言うならば、リフォーム発注時に、それらも含めて依頼をしておけると良いでしょう。

そして、入居時には「水道パッキンの交換はしてあります！」、「トイレやお風呂の電球交換をしてあります！」と、しっかり対応したことを伝えて、入居者にすっきりとした状態で入居してもらいます。

そのような改善後に入居をしてもらえば、入居後の小修繕のクレームが無くなります。

**不定期に集中的に必ず起こる騒音トルブル**

以前，物件で年に一回，音楽の騒音がうるさいという事例があります。年に一回集中的に起きるということ，しかもその音の原因がランダムに起きるので，なかなか特定できなかったところがあるのですが，そのうち原因がわかりました。

その入居者はハードロックバンドのファンで，そのハードロックバンドのアルバムが発売されると騒音になる。そしてクレームになる……という事例があります。同様にゲームの発売時期になるとトラブルが発生する事例もあります。

【参考書籍】

賃貸経営マイスター（藤澤雅義著・住宅新報社）
不動産実務検定2級テキスト（日本不動産コミュニティー編）
勝ち組大家さんの高収益アパマン経営マニュアル（工藤一善著・ぱる出版）
ちょっと待った！！大家さん！その敷金そんなに返す必要はありません！！（大谷郁夫著・すばる舎）

【参考ブログ】

〈不動産購入後の対応〉
赤井誠のゼロからの不動産投資　－サラリーマン大家あかちゃんの不動産投資ブログ－
http://akachan626.blog.fc2.com/
〈クレーム対応〉
賃貸管理クレーム日記
http://tintaikanri.livedoor.biz/

# あとがき

本書を最後までお読みいただきまして、誠にありがとうございました。

前著「満室革命プログラム（ソフトバンククリエイティブ社）」から1年半の時を経て、2冊目の出版となりました。前著は**空室対策**、本著は**満室対策**をテーマに書かせていただきました。それゆえ、続編という位置づけでご理解ください。

「はじめに」でも書きましたが、本書は、私が独立してから3年間にのべ4、000件以上のコンサル経験を通してまとめた満室経営のノウハウを標準化したものです。まさに、不動産投資家の叡智をまとめたものといっても過言ではありません。

本書は今困っているところから、読んでいただいて、十分効果が得られる仕上がりになっております。本書が最大限に役立つため、以下のようにご活用いただけると幸いです。

ステップ1　http://www.manshitsu.co.jp/no1　にてメンバー登録をする。
ステップ2　ログインし、補足資料・補足映像を見て知識を深める。
ステップ3　チェックリストに基づき、物件の経営状況をチェックし、改善する。

本書を読んで終わりにせず、ぜひ実践をして、結果を出してほしいと思います。みなさんの報告を心待ちにしております。


末筆とはなりましたが、今回の出版の機会をいただいた税務経理協会様とは、本著の出版契約をサラリーマン時代に取り交わしており、実に4年近い月日が経過しての出版となりました。

魂を捧げる気持ちで勤めた不動産管理会社をリストラ同然で退職予定だった当事、出版の機会をいただき、救われるような気持ちだったことを今でも思い出します。それゆえに御社には思い入れと感謝があり、ぜひ出版したかったですし、こうして出版できて、とても感慨深いものがあります。ご担当の峯村さん、大川さんには本当にお待たせしましたし、またお世話になりました。

ライターの布施ゆきさんには第1作目に引き続き2作目もお世話になりました。

あなたたちの協力がなければ、この本はできあがりませんでした。

第1作目の「満室革命プログラム」の編集者中本智子さん、ライターの布施ゆきさんにはこの1年半の間にお子様が生まれ、本当に嬉しく思っております。

またいつも、お世話になっている川島塾塾長の川島和正さん、エキスパートメールの開発者七星明さん、増山塾塾長の増山大さん、不動産実務検定神奈川支部の工藤一善さん、マレーシアに移住した芳賀成人さん、満室経営新聞編集長の寺尾恵介さん、本書のタイトルのきっかけをくださいましたチームＮＯ１の遠藤晃さん、日頃お世話になっております。この場を借りて、あらためてお礼を申し上げます。

弊社の不動産管理オーナーさん、コンサル会員さん、満室塾生のみなさん、私のメルマガ読者さん、弊社のパート社員さん、提携業者さん、こうして関われたことにとても感謝をしております。これからもよろしくお願いします。

最後に、いつもだらしない私をしっかりサポートしてくれる妻と娘に感謝の気持ちを伝えます。本当にありがとう。

私自身、もっと見聞を広げ、自己成長をして、その結果、私に関わる人全員が幸せになる、そんな人生を歩みたいと思っております。